부수명칭(部首名稱)

1 획

一	한 일
丨	뚫을 곤
丶	점 주(점)
丿	삐칠 별(삐침)
乙(乚)	새 을
亅	갈고리 궐

2 획

二	두 이
亠	머리 두(돼지해머리)
人(亻)	사람 인(인변)
儿	어진사람 인
入	들 입
八	여덟 팔
冂	멀 경(멀경몸)
冖	덮을 멱(민갓머리)
冫	얼음 빙(이수변)
几	안석 궤(책상궤)
凵	입벌릴 감 (위터진입구)
刀(刂)	칼 도
力	힘 력
勹	쌀 포
匕	비수 비
匚	상자 방(터진입구)
匸	감출 혜(터진에운담)
十	열 십
卜	점 복
卩(㔾)	병부 절
厂	굴바위 엄(민엄호)
厶	사사로울 사(마늘모)
又	또 우

3 획

口	입 구
囗	에울 위(큰입구)
土	흙 토
士	선비 사
夂	뒤져올 치
夊	천천히걸을 쇠
夕	저녁 석
大	큰 대
女	계집 녀
子	아들 자
宀	집 면(갓머리)
寸	마디 촌
小	작을 소
尢(尣)	절름발이 왕
尸	주검 시
屮(乢)	싹날 철
山	메 산
巛(川)	개미허리(내 천)
工	장인 공
己	몸 기
巾	수건 건
干	방패 간
幺	작을 요
广	집 엄(엄호)
廴	길게걸을 인(민책받침)
廾	손맞잡을 공(밑스물입)
弋	주살 익
弓	활 궁
彐(彑)	돼지머리 계(터진가로왈)
彡	터럭 삼(삐친석삼)
彳	조금걸을 척(중인변)

4 획

心(忄,㣺)	마음 심(심방변)
戈	창 과
戶	지게 호
手(扌)	손 수(재방변)
支	지탱할 지
攴(攵)	칠 복 (등글월문)
文	글월 문
斗	말 두
斤	도끼 근(날근)
方	모 방
无(旡)	없을 무(이미기방)
日	날 일
曰	가로 왈
月	달 월
木	나무 목
欠	하품 흠
止	그칠 지
歹(歺)	뼈앙상할 알(죽을사변)
殳	칠 수 (갓은등글월문)
毋	말 무
比	견줄 비
毛	터럭 모
氏	각시 씨
气	기운 기
水(氵)	물 수(삼수변)
火(灬)	불 화
爪(爫)	손톱 조
父	아비 부
爻	점괘 효
爿	조각널 장(장수장변)
片	조각 편
牙	어금니 아
牛(牜)	소 우
犬(犭)	개 견

5 획

玄	검을 현
玉(王)	구슬 옥
瓜	오이 과
瓦	기와 와
甘	달 감
生	날 생
用	쓸 용
田	밭 전
疋	필 필
疒	병들 녁(병질엄)
癶	걸을 발(필발머리)
白	흰 백
皮	가죽 피
皿	그릇 명
目(罒)	눈 목
矛	창 모
矢	화살 시
石	돌 석

示(礻)	보일 시		谷	골 곡		\multicolumn{2}{c}{10 획}
禸	짐승발자국 유		豆	콩 두		馬	말 마
禾	벼 화		豕	돼지 시		骨	뼈 골
穴	구멍 혈		豸	발없는벌레 치(갖은돼지시변)		高	높을 고
立	설 립		貝	조개 패		髟	머리털늘어질 표(터럭발)
\multicolumn{2}{c}{6 획}		赤	붉을 적		鬥	싸울 투
竹	대 죽		走	달아날 주		鬯	술 창
米	쌀 미		足(𧾷)	발 족		鬲	솥 력
糸	실 사		身	몸 신		鬼	귀신 귀
缶	장군 부		車	수레 거		\multicolumn{2}{c}{11 획}
网(罒·㓁)	그물 망		辛	매울 신		魚	물고기 어
羊	양 양		辰	별 진		鳥	새 조
羽	깃 우		辵(辶)	쉬엄쉬엄갈 착(책받침)		鹵	소금밭 로
老(耂)	늙을 로		邑(⻏)	고을 읍(우부방)		鹿	사슴 록
而	말이을 이		酉	닭 유		麥	보리 맥
耒	쟁기 뢰		采	분별할 변		麻	삼 마
耳	귀 이		里	마을 리		\multicolumn{2}{c}{12 획}
聿	붓 율		\multicolumn{2}{c}{8 획}		黃	누를 황
肉(⺼)	고기 육(육달월변)		金	쇠 금		黍	기장 서
臣	신하 신		長(镸)	길 장		黑	검을 흑
自	스스로 자		門	문 문		黹	바느질할 치
至	이를 지		阜(⻖)	언덕 부(좌부방)		\multicolumn{2}{c}{13 획}
臼	절구 구(확구)		隶	미칠 이		黽	맹꽁이 맹
舌	혀 설		隹	새 추		鼎	솥 정
舛(牟)	어그러질 천		雨	비 우		鼓	북 고
舟	배 주		靑	푸를 청		鼠	쥐 서
艮	그칠 간		非	아닐 비		\multicolumn{2}{c}{14 획}
色	빛 색		\multicolumn{2}{c}{9 획}		鼻	코 비
艸(艹)	풀 초(초두)		面	낯 면		齊	가지런할 제
虍	범의문채 호(범호)		革	가죽 혁		\multicolumn{2}{c}{15 획}
虫	벌레 충(훼)		韋	다룸가죽 위		齒	이 치
血	피 혈		韭	부추 구		\multicolumn{2}{c}{16 획}
行	다닐 행		音	소리 음		龍	용 룡
衣(衤)	옷 의		頁	머리 혈		龜	거북 귀(구)
襾	덮을 아		風	바람 풍		\multicolumn{2}{c}{17 획}
\multicolumn{2}{c}{7 획}		飛	날 비		龠	피리 약변
見	볼 견		食(𩙿)	밥 식(변)		*는	*忄심방(변) *扌재방(변)
角	뿔 각		首	머리 수		부수의	*氵삼수(변) *犭개사슴록(변)
言	말씀 언		香	향기 향		변형문자	*⻏(邑) 우부(방) *⻖(阜) 좌부(변)

3단계 사자소학
四字小學
쓰기교본

국립중앙도서관 출판시도서목록(CIP)

3단계 사자소학 쓰기교본 / 감수자: 최청화, 유향미.
--- 서울 : 창, 2016 p. ; cm
한자표제: 四字小學
표제관련정보: 초·중·고에서 일반인까지 꼭 필요한 인성교육 지침서!
권말부록: 부수(部首) 일람표 등 색인수록
ISBN 978-89-7453-413-4 13710 : ₩12000

한자 학습[漢字學習]
사자 소학[四字小學]

711.47-KDC5
495.71-DDC21   CIP2016017282

3단계 사자소학 쓰기교본

2019년 3월 15일 2쇄 인쇄
2019년 3월 25일 2쇄 발행

감수자 | 최청화/유향미
펴낸이 | 이규인
펴낸곳 | 도서출판 **창**
등록번호 | 제15-454호
등록일자 | 2004년 3월 25일

주소 | 서울특별시 마포구 대흥로4길 49, 1층(용강동 월명빌딩)
전화 | (02) 322-2686, 2687 / **팩시밀리** | (02) 326-3218
홈페이지 | http://www.changbook.co.kr
e-mail | changbook1@hanmail.net

ISBN 978-89-7453-413-4 13710

정가 12,000원
*잘못 만들어진 책은 〈도서출판 **창**〉에서 바꾸어 드립니다.

*이 책의 저작권은 〈도서출판 **창**〉에 있습니다.
  저작권법에 의해 보호를 받는 저작물이므로 무단 전재와 복제를 금합니다.

3단계 사자소학

四字小學

쓰기교본

최청화 · 유향미 감수

창
Chang Books

F·o·r·e·w·o·r·d

머리말

　여러분은 지금 국제화 시대에 살고 있습니다. 한자는 중국 등 한자문화권 국가와의 비즈니스 관계에 따라 영어와 마찬가지로 여러분과 떼려야 뗄 수 없는 불가분의 관계입니다. 지구상의 글자를 소리글자와 뜻글자로 크게 분류한다면 소리글자가 영어, 뜻글자는 한자입니다. 현재 중국, 한국, 일본 등에서 쓰이고 있으며, 이러한 시대 상황을 고려하여 편집·제작된 3단계 사자소학 쓰기교본은 교육부에서 발표한 21세기 한자·한문 교육의 내실을 기하며, 새로운 교육적 전망을 확립하기 위하여 만들어졌습니다. 사자소학(四字小學)은 우리가 반드시 배워서 지켜야 할 생활규범과 어른을 공경하는 법 등을 구체적이고 상세하게 가르치는 생활철학책입니다. 또한 주희(유자징)의 소학과 기타 여러 경전의 내용을 알기 쉽게 생활한자로 편집한 한자학습의 입문서로써, 옛날에 서당에서 공부하는 학동들이 가장 먼저 배우는 한자의 기초 교과서로서 모두 필수한자(1280)+일반한자(184)자로 이루어진 책으로 4자씩 글귀를 맞추었다고 해서 사자(四字)입니다. 또한 4자씩 맞추어 번호를 부여하여 (1~366번)으로 구성했습니다. 그리고 소학(小學)은 주자의 소학집주에서 연유한 것이며, 내용은 부모 자식, 형제간 등 가정예절이 주를 이루고 있으며, 군신, 붕우 등 국가 사회에 대한 것이며, 문장이 평이하고, 내용이 친숙하여 어린들의 학습에 많은 도움을 줄뿐만 아니라 어른과 부모 앞에서 행신과 마음가짐을 어떻게 해야 하는지를 일러주고 있습니다.

　본교재(本敎材)는 이러한 내용을 수준별로 구성하여 단계적으로 학습할 수 있게 엮었다는 특징을 갖고 있습니다. 사자소학은 선인들이 우리에게 물려준 정신적 문화 유산이자 소중한 보물입니다. 따라서 한자 능력시험의 8급~1급까지의 기초한자 및 필수한자와 핵심 한자 등을 포함해서 누구나 부담없이 공부할 수 있도록 단계별로 구성하였습니다. 그리고 왕초보자를 위해 필순을 넣어 쉽게 쓸 수 있도록 하였을 뿐만 아니라 쓰기 연습을 넣어 한 번에 완벽하게 끝낼 수 있도록 하였습니다. 특히 사자소학에는 부모님에 대한 효도, 형제간의 우애, 친구간의 우정, 스승 섬기기, 바람직한 대인관계 등 올바른 마음가짐을 갖기 위한 기본적인 행동철학이 담겨져 있어, 종합적인 도덕교육과 인성교육의 보고(寶庫)라 할 수 있을 것입니다. 시대에 따라 인성과 윤리에 대하여 교육해야 할 내용이 달라지겠지만 일독하여 참고하면 좋으리라 생각됩니다. 비록 다른 외국어에 비하여 복잡하지만 공부해보면 정말 신비하고 재미있는 철학이 담겨있다는 것을 알게 될 것입니다.

Foreword

이 책의 구성을 살펴보면,
Part Ⅰ 1단계 – 효행(孝行)–(1~120)
Part Ⅱ 2단계 – 부부/형제(夫婦/兄弟)–(121~286)
Part Ⅲ 3단계 – 수신(修身)–(287~366)

　이와 같이 사자소학을 단계와 급수별로 분류한 후, 찾기 쉽게 '번호'순으로 배열·수록하였으며, 학생들이 학습에 필요한 사자소학을 학습하고, 국가공인 한자자격증 시험을 준비하는 데 도움을 주고자 상용 한자 어휘의 자료를 충실히 반영하였습니다. 급수 표기는 ㈔대한민국한자교육연구회(대한검정회)와 ㈔한국어 문회가 배정한 공동으로 사용되는 급수를 앞에 수록하였으며, 중국어 간체자뿐만 아니라 일본어 약자 및 파생어 등도 함께 수록하여 한자 익히기에 도움을 주었습니다.

　부록은 한자 학습에 꼭 필요한 알찬 내용만을 엄선하여 실었습니다. 아무쪼록 이 책을 통하여 고사성어가 한자지식을 넓히는 것은 물론, 인생의 지혜를 깨우쳐서 일상생활에서도 차원 높고 풍부한 어휘를 구사하여 삶의 지혜를 체득하는 지름길이 되었으면 합니다.

　참고로 이 책을 학습하는 데 필요한 사용기호를 살펴보면.
　기본 뜻 외에 영어, 중국어, 일본어 등을 표기하고 교육용 1000 기본한자는 대자와 상대자, 약자와 속자 등을 제시하고 영 → 영어 중 → 중국어 일 → 일본어 유 → 유의어 반 → 반의어를 표시하였습니다.
*예문은 두음법칙에 따라 표기했음. 中 – 중학교, 高 – 고등학교 표기.

〈본문설명〉

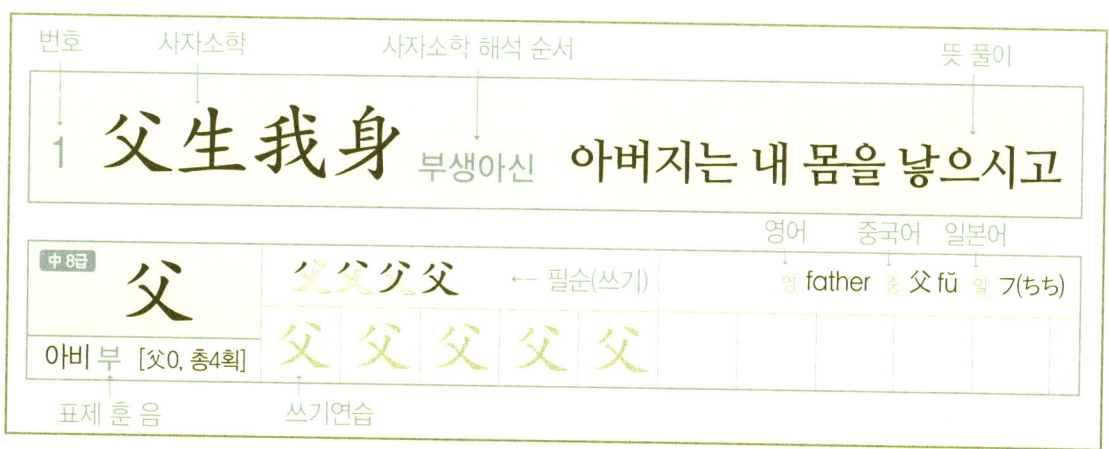

머리말 | 5

한자(漢字)에 대하여

1. 한자(漢字)의 필요성

지구상에서 한자가 통용되는 인구는 줄잡아 14억을 넘고 있다. 최근 글로벌 시대를 맞이하여 한자를 사용하고 있는 한국·중국·일본을 중심으로 한 동아시아의 경제와 문화가 급격히 부상하면서 한자 학습의 중요성이 더욱 강조되고 있다.

2. 한자(漢字)의 생성 원리

한글은 말소리를 나타내는 소리글자 즉, 표음문자(表音文字)이지만, 한자는 그림이나 사물의 형상을 본떠서 시각적으로 의미를 전달하는 뜻글자로 표의문자(表意文字)이다. 대부분의 사람들은 한자를 공부하는 데 우선 어렵다고 느껴지겠지만 한자의 기본 원칙인 육서(六書)를 익혀두고, 기본 부수풀이를 익힌다면 한자를 이해하는 데 많은 도움이 될 것이다.

(가) 한자(漢字)의 세 가지 요소

모든 한자는 고유한 모양 '형(形)'과 소리 '음(音)'과 뜻 '의(義)'의 세 가지 요소로 이루어져 있으며, 일반적으로 뜻을 먼저 읽고 나중에 음을 읽는다.

모양	天	地	日	月	山	川
소리	천	지	일	월	산	천
뜻	하늘	땅	해·날	달	메	내

(나) 한자(漢字)를 만든 원리

❶ 상형문자(象形文字) : 구체적인 사물의 모양을 본떠 만든 것.
  (예 : ☉ → 日 , → 山 , → 川)
  日 : 해의 모양을 본뜬 글자로 '해'를 뜻한다.

❷ 지사문자(指事文字) : 추상적인 뜻을 점이나 선으로 표시하여 발전한 글자.
  (예 : 上, 下, 一, 二, 三)

❸ 회의 문자(會意文字) : 상형이나 지사의 원리에 의하여 두 글자의 뜻을 합쳐 결합하여 새로운 뜻을 나타내는 글자.
  (예 : 日 + 月 → 明 , 田 + 力 → 男)

❹ 형성문자(形聲文字) : 상형이나 지사문자들을 서로 결합하여 뜻 부분과 음 부분 나타내도록 만든 글자.
(예 : 工 + 力 → 功)

❺ 전주문자(轉注文字) : 이미 만들어진 글자를 최대한으로 다른 뜻으로 유추하여 늘어서 쓰는 것.
(예 : 樂 → 풍류 악, 즐거울 락, 좋아할 요 惡 → 악할 악, 미워할 오)

❻ 가차문자(假借文字) : 이미 있는 글자의 뜻에 관계 없이 음이나 형태를 빌어다 쓰는 글자.
(예 : 自 → 처음에는 코(鼻 : 코 비)라는 글자였으나 그음을 빌려서 '자기'라는 뜻으로 사용.

(다) 부수(部首)의 위치와 명칭

❶ 머리(冠) · 두(頭)
부수가 글자의 위에 있는 것.
대표부수: 亠, 宀, 竹, 艸(艹)

　　宀 갓머리(집면) : 官(벼슬 관)
　　艹(艸) 초두머리(풀초) : 花(꽃 화), 苦(쓸 고)

❷ 변(邊)
부수가 글자의 왼쪽에 있는 것.
대표부수: 人(亻), 彳, 心(忄), 手(扌), 木, 水(氵), 石

　　亻(人) 사람인변 : 仁(어질 인), 代(대신 대)
　　禾 벼화변 : 科(과목 과), 秋(가을 추)

❸ 발 · 다리(脚)
부수가 글자의 아래에 있는 것.
대표부수: 儿, 火(灬), 皿

　　儿 어진사람인 : 兄(형 형), 光(빛 광)
　　灬(火) 연화발(불화) : 烈(매울 열), 無(없을 무)

❹ 방(傍)
부수가 글자의 오른쪽에 있는 것.
대표부수: 刀(刂), 攴(攵), 欠, 見, 邑(阝)

　　刂(刀) 선칼도방 : 刻(새길 각), 刑(형벌 형)
　　阝(邑) 우부방 : 郡(고을 군), 邦(나라 방)

❺ 엄(广)
부수가 글자의 위에서 왼쪽으로 덮여 있는 것.
대표부수: 厂, 广, 疒, 虍

广 엄호(집엄) : 序(차례 서), 度(법도 도)
尸 (주검시) : 居(살 거), 局(판 국)

❻ 받침
부수가 왼쪽에서 밑으로 있는 것.
대표부수: 廴, 走, 辵(辶)

廴 민책받침(길게걸을인) : 廷(조정 정), 建(세울 건)
辶(辵) 책받침(쉬엄쉬엄갈착) : 近(가까울 근), 追(따를 추)

❼ 몸
부수가 글자를 에워싸고 있는 것.
대표부수: 凵, 口, 門

凵 위튼입구몸(입벌릴감) : 凶(흉할 흉), 出(날 출)

匸 감출혜 : 匹(짝 필), 區(구분할 구)
匚 튼입구몸(상자방) : 匠(장인 장), 匣(갑 갑)

門 문문 : 開(열 개), 間(사이 간)

口 큰입구몸(에운담) :
四(넉 사), 困(곤할 곤), 國(나라 국)

❽ 제부수
부수가 그대로 한 글자를 구성한다.

木(나무목) : 本(근본 본), 末(끝 말)
車(수레거) : 軍(군사 군), 較(비교할 교)
馬(말마) : 驛(역마 역), 騎(말탈 기)

한자 쓰기의 기본 원칙

1. 위에서 아래로 쓴다.

위를 먼저 쓰고 아래는 나중에

工(장인 공) → ㅡ ㅜ 工, 三(석 삼) → ㅡ 二 三

2. 왼쪽에서 오른쪽으로 쓴다.

왼쪽을 먼저, 오른쪽을 나중에

川(내 천) → ノ 川 川, 江(강 강) → ㆍ ㆍ 氵 汀 江 江

3. 가로획과 세로획이 겹칠 때에는 가로획을 먼저 쓴다.

木(나무 목) → ㅡ 十 才 木
吉(길할 길) → ㅡ 十 士 古 吉 吉

4. 삐침과 파임이 만날 때에는 삐침을 먼저 쓴다.

人(사람 인) → ノ 人
文(글월 문) → ㆍ 亠 亠 文

5. 좌우가 대칭될 때에는 가운데를 먼저 쓴다.

小(작을 소) → 亅 小 小
水(물 수) → 亅 刁 水 水

6. 둘러싼 모양으로 된 자는 바깥쪽을 먼저 쓴다.

同(같을 동) → 丨 冂 冂 冋 同 同
固(굳을 고) → 冂 冂 冂 周 周 固

7. 글자 전체를 꿰뚫는 획은 나중에 쓴다.

中(가운데 중) → 丨 口 口 中
事(일 사) → ㅡ 一 口 弖 亖 事

8. 글자를 가로지르는 획은 나중에 긋는다.
女(계집 여) → ㄑ ㄑ 女
丹(붉을 단) → ノ 刀 刀 丹

9. 오른쪽 위에 점이 있는 글자는 그 점을 나중에 찍는다.
犬(개 견) → 一 ナ 大 犬
伐(칠 벌) → ノ 亻 亻 代 伐 伐

10. 세로획을 먼저 쓴다.
세로획을 먼저 쓰는 경우 由(말미암을 유) → ㅣ 冂 由 由 由
둘러싸여 있지 않을 경우 王(임금 왕) → 一 丁 干 王

11. 가로획과 왼쪽 삐침일 경우, 가로획을 먼저 쓴다.
가로획을 먼저 쓸 경우 左(왼 좌) → 一 ナ 左 左 左
삐침을 먼저 쓰는 경우 右(오른 우) → 一 ナ 大 右 右

12. 책받침(辶・廴)은 나중에 쓴다.
遠(멀 원) → 十 土 告 幸 袁 遠
建(세울 건) → ㄱ ㅋ 聿 聿 建 建

※ 받침이 있을 때 먼저 쓰는 글자 : 起(일어날 기) 題(제목 제)

영자팔법(永字八法)

영자팔법(永字八法)은 붓글씨를 쓸 때 한자의 글씨 쓰는 법을 가르치는 방법의 하나로 자주 나오는 여덟 가지 획의 종류를 '永(길 영)'자 한자 속에 쓰는 방법이다. 一(측:側)은 윗점, 二(늑:勒)는 가로획, 三(노:努)은 가운데 내리 획, 四(적:趯)는 아래 구부림, 五(책:策)는 짧은 가로획, 六(약:掠)은 오른쪽에서 삐침, 七(탁:啄)은 짧은 오른쪽 삐침, 八(책:磔)은 왼쪽에서 삐침을 설명한 것이다.

* '①~⑤'은 획순이며, '一~八'은 획의 종류 설명이다.

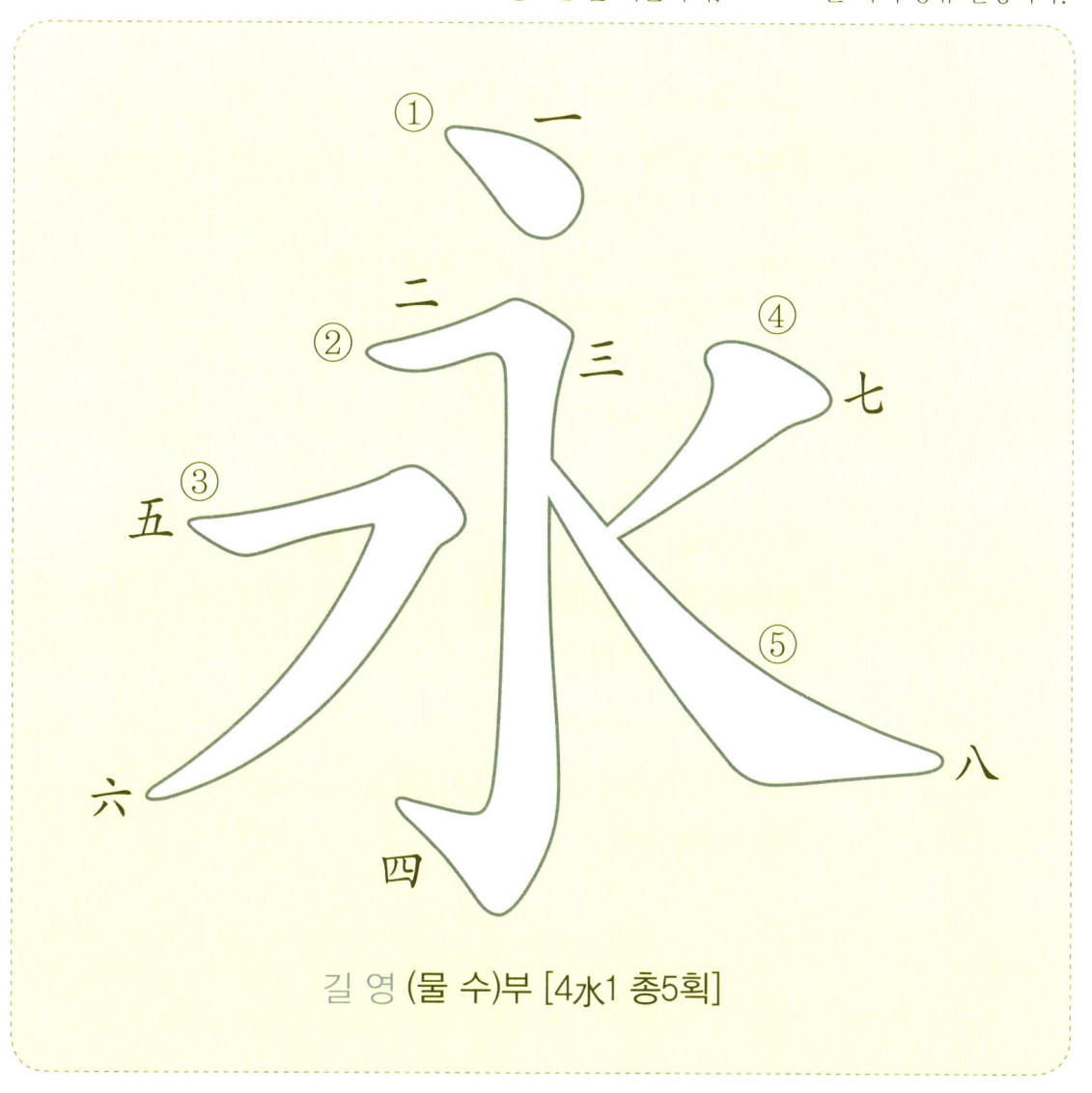

길 영 (물 수)부 [4水1 총5획]

차례

- 머리말   4
- 한자(漢子)에 대하여   6
- 한자(漢子)쓰기의 기본 원칙   9
- Part I 1단계 – 효행(孝行)   13
  (1~120번)
- Part II 2단계 – 부부/형제(夫婦/兄弟)   75
  (121~286번)
- Part III 3단계 – 수신(修身)   159
  (287~366번)

〈부록〉
- 부수(部首) 일람표   202
- 두음법칙(頭音法則) 한자   210
- 동자이음(同字異音) 한자   211
- 약자(略字)·속자(俗字)   214
- 기초한자(중·고등학교) 1800자   215
- 찾아보기(색인)   223

3단계 사자소학 四字小學 쓰기교본

Part I

1단계

효행(孝行)

● 사자소학 ●
(1-120)

1 父生我身 부생아신   아버지는 내 몸을 낳으시고

中8급	父	父父父父	영 father 중 父 fǔ 일 フ(ちち)
	아비 부 [父0, 총4획]	父 父 父 父 父	

中8급	生	生生生生生	영 born 중 生 shēng 일 セイ(なま) 반 死
	날 생 [生0, 총5획]	生 生 生 生 生	

中3Ⅱ급	我	我我我我我我我	영 I·we 중 我 wǒ 일 ガ(わ·われ)
	나 아 [戈3, 총7획]	我 我 我 我 我	

中6급	身	身身身身身身身	영 body 중 身 shēn 일 シン(み) 반 心 동 體, 肉
	몸 신 [身0, 총7획]	身 身 身 身 身	

2 母鞠吾身 모국오신   어머니는 내 몸을 기르셨네.

中8급	母	母母母母母	영 mother 중 母 mǔ 일 ボ(はは)
	어미 모 [毋1, 총5획]	母 母 母 母 母	

1급	鞠	鞠鞠鞠鞠鞠鞠鞠鞠鞠鞠鞠	영 breed 중 jū 일 キク(やしなう)
	기를 국 [革8, 총17획]	鞠 鞠 鞠 鞠 鞠	

中3급	吾	吾吾吾吾吾吾吾	영 I 중 吾 wú 일 ゴ(われ)
	나 오 [口4, 총7획]	吾 吾 吾 吾 吾	

中6급	身	身身身身身身身	영 body 중 身 shēn 일 シン(み) 반 心 동 體, 肉
	몸 신 [身0, 총7획]	身 身 身 身 身	

3 腹以懷我 복이회아　배로써 나를 품어 주시고

4 乳以哺我 유이포아　젖으로써 나를 먹여 주시며

5 以衣溫我 이의온아 옷으로써 나를 따뜻하게 하시고

中5급	以 써 이 [人3, 총5획]	以 以 以 以 以	영 with·by 중 以 yǐ 일 イ(もつて)
中6급	衣 옷 의 [衣0, 총6획]	衣 衣 衣 衣 衣 衣	영 clothing 중 衣 yī 일 イ(ころも) 동 服
中6급	溫 따뜻할 온 [水10, 총13획]	溫 溫 溫 溫 溫 溫 溫 溫 溫 溫 溫 溫 溫	영 warm 중 温 wēn 일 オン(あたたか) 반 冷 동 暖
中3II급	我 나 아 [戈3, 총7획]	我 我 我 我 我 我 我	영 I·we 중 我 wǒ 일 ガ(わ·われ)

6 以食飽我 이식포아 밥으로써 나를 배부르게 하시니

※ 飽→活(살 활)을 사용하여 "밥으로써 나를 살리시니"라고도 씀

中5급	以 써 이 [人3, 총5획]	以 以 以 以 以	영 with·by 중 以 yǐ 일 イ(もつて)
中7급	食 밥 식 [食0, 총9획]	食 食 食 食 食 食 食 食 食	영 eat·meal 중 食 shí 일 ショク(たべる)
高3급	飽 배부를 포 [食5, 총14획]	飽 飽 飽 飽 飽 飽 飽 飽 飽 飽 飽 飽	영 satiated 중 饱 bǎo 일 ホウ(あきる)
中3II급	我 나 아 [戈3, 총7획]	我 我 我 我 我 我 我	영 I·we 중 我 wǒ 일 ガ(わ·われ)

7 恩高如天 은고여천   은혜는 높기가 하늘과 같고

| 中4II급 | 恩 | 은혜 은 [心6, 총10획] | 恩 순서 | 영 favor 중 恩 ēn 일 オン 반 怨 동 惠 |

| 中6급 | 高 | 높을 고 [高0, 총10획] | 高 순서 | 영 high 중 高 gāo 일 コウ(たかい) 반 低 동 崇 |

| 中4급 | 如 | 같을 여 [女3, 총6획] | 如 순서 | 영 same 중 如 rú 일 ジョ・ニョ(ごとし) |

| 中7급 | 天 | 하늘 천 [大1, 총4획] | 天 순서 | 영 heaven·sky 중 天 tiān 일 テン(そら) 반 地 |

8 德厚似地 덕후사지   덕은 두텁기가 땅과 같구나.

| 中5급 | 德 | 덕 덕 [彳12, 총15획] | 德 순서 | 영 virtue 중 德 dé 일 トク |

| 中4급 | 厚 | 두터울 후 [厂7, 총9획] | 厚 순서 | 영 thick 중 厚 hòu 일 コウ(あつい) |

| 高3급 | 似 | 같을 사 [人5, 총7획] | 似 순서 | 영 same 중 似 sì 일 シ・ジ(にる) |

| 中7급 | 地 | 땅 지 [土3, 총6획] | 地 순서 | 영 earth 중 地 dì 일 チ(つち) 반 天 동 土 |

1단계 효행(孝行)

9 爲人子者 위인지자   사람의 자식된 자가

| 中4II급 | 爲 / 為 할 위 [爪8, 총12획] | 爲爲爲爲爲爲爲爲爲爲爲 | 영 do 중 为 wèi 일 イ(なす・ため) |

| 中8급 | 人 사람 인 [人0, 총2획] | 人人 | 영 person 중 人 rén 일 ジン・ニン(ひと) |

| 中7급 | 子 아들 자 [子0, 총3획] | 子子子 | 영 son 중 子 zǐ 일 シ・ス(こ) 동 態 |

| 中6급 | 者 놈 자 [老5, 총9획] | 者者者者者者者者者 | 영 person 중 者 zhě 일 シャ(もの) |

10 曷不爲孝 갈불위효   어찌 효도를 하지 않을 수 있겠는가

| 2급 | 曷 어찌 갈 [曰5, 총9획] | 曷曷曷曷曷曷曷曷曷 | 영 why 중 hé 일 カツ(なんぞ) |

| 中7급 | 不 아닐 불 [一3, 총4획] | 不不不不 | 영 not 중 不 bù 일 フ・ブ |

| 中4II급 | 爲 / 為 할 위 [爪8, 총12획] | 爲爲爲爲爲爲爲爲爲爲爲 | 영 do 중 为 wèi 일 イ(なす・ため) |

| 中7급 | 孝 효도 효 [子4, 총7획] | 孝孝孝孝孝孝孝 | 영 filial piety 중 孝 xiào 일 コウ(まこと) |

11 欲報其德 욕보기덕 — 그 은덕을 갚고자 하나

※ 欲報深恩(욕보심은)이나 : 그 깊은 은혜를 갚고자 하나

欲 하고자 할 욕 [欠7, 총11획] — desire 欲 yù ヨク(ほっする)

報 갚을 보 [土9, 총12획] — repay 报 bào ホウ(むくいる) 반 告

其 그 기 [八6, 총8획] — it 其 qí キ(その)

德 덕 덕 [彳12, 총15획] — virtue 德 dé トク

12 昊天罔極 호천망극 — 넓은 하늘과 같아 다할 수가 없구나.

昊 하늘 호 [日4 총8획] — clear summer sky 昊 hào コウ(なつぞら)

天 하늘 천 [大1, 총4획] — heaven·sky 天 tiān テン(そう) 반 地

罔 없을 망 [网2, 총8획] — net 罔 wǎng ホウ·モウ(なし)

極 다할 극 [木9, 총13획] — utmost 极 jí ゴク(むね) 동 端, 至

1단계 효행(孝行) | 19

13 父母呼我 부모호아 — 부모님께서 나를 부르시면

※ 父母呼之(부모호지)시거든 : 부모님께서 부르시거든

中8급	父	아비 부	[父0, 총4획]	영 father 중 父 fù 일 フ(ちち)
中8급	母	어미 모	[毋1, 총5획]	영 mother 중 母 mǔ 일 ボ(はは)
中4Ⅱ급	呼	부를 호	[口5, 총8획]	영 call 중 呼 hū 일 コ(よぶ)
中3Ⅱ급	我	나 아	[戈3, 총7획]	영 I·we 중 我 wǒ 일 ガ(わ·われ)

14 唯而趨進 유이추진 — 빨리 대답하고 달려나가고

※ 唯而必趨(유이필추)하고 : 대답하고 반드시 달려나가고

中3급	唯	오직 유	[口8, 총11획]	영 only 중 唯 wéi 일 イ·ユイ(ただ)
中3급	而	말이을 이	[而0, 총6획]	영 and 중 而 ér 일 ジ(しかして)
2급	趨	달릴 추	[走10, 총17획]	영 run 중 趨 qū 일 シュ(おもむく)
中4Ⅱ급	進	나갈 진	[辵7, 총12획]	영 advance 중 进 jìn 일 シン(すすむ) 반 退

15 父母使我 부모사아   부모님께서 나를 부리시거든

父 아비 부 [父0, 총4획] — 中8급
父父ク父
father · 父 fù · フ(ちち)

母 어미 모 [毋1, 총5획] — 中8급
ㄴ母母母母
mother · 母 mǔ · ボ(はは)

使 시킬 사 [人6, 총8획] — 中6급
使使使仵伃伂使使
manage · 使 shǐ · シ(つかう) · 반 勞

我 나 아 [戈3, 총7획] — 中3Ⅱ급
我我扌扌扎我我
I·we · 我 wǒ · ガ(わ·われ)

16 勿逆勿怠   물역물태   거스르지 말고 게을리하지 말라.

勿 말 물 [勹2, 총4획] — 中3Ⅱ급
勿勹勿勿
don't · 勿 wù · モツ·モチ(なかれ)

逆 거스릴 역 [辵6, 총10획] — 中4Ⅱ급
逆逆逆屰屰逆逆逆逆
disobey · 逆 nì · ギャク(さか) · 반 順

勿 말 물 [勹2, 총4획] — 中3Ⅱ급
勿勹勿勿
don't · 勿 wù · モツ·モチ(なかれ)

怠 게으름 태 [心5, 총9획] — 高3급
怠怠怠怠台台怠怠怠
lazy · 怠 dài · タイ(おこたる)

17 父母有命 부모유명 — 부모님께서 명하는 것이 있으시거든

※ 父母臥命(부모와명)하시면 : 부모님께서 누워서 명하시거든

中8급	父 아비 부 [父0, 총4획]	父父父父	영 father 중 父 fù 일 フ(ちち)
中8급	母 어미 모 [毋1, 총5획]	母母母母母	영 mother 중 母 mǔ 일 ボ(はは)
中7급	有 있을 유 [月2, 총6획]	有有有有有有	영 exist 중 有 yǒu 일 ユウ(ある) 반 無
中7급	命 명할 명 [口5, 총8획]	命命命命命命命命	영 life 중 命 mìng 일 メイ(いのち)

18 俯首敬聽 부수경청 — 머리를 숙이고 공경히 들어라.

※ 俯而聽之(부이청지)하라 : 구부리고 들어라.

2급	俯 구부릴 부 [人8, 총10획]	俯俯俯俯俯俯俯俯俯俯	영 bow 중 fǔ 일 フ(ふせる)
中5급	首 머리 수 [首0, 총9획]	首首首首首首首首首	영 head 중 首 shǒu 일 シュ(くび)
中5급	敬 공경할 경 [攴9, 총13획]	敬敬敬敬敬敬敬敬敬敬敬敬敬	영 respect 중 敬 jìng 일 ケイ(うやまう)
中4급	聽 (聴) 들을 청 [耳16, 총22획]	聽聽聽聽聽聽聽聽聽聽聽聽	영 hear 중 听 tīng 일 チョウ(きく) 동 聞

19 坐命坐聽 좌명좌청 앉아서 명하시면 앉아서 듣고

坐 앉을 좌 [土4, 총7획] — sit 坐 zuò ザ(すわる)

命 명할 명 [口5, 총8획] — life 命 mìng メイ(いのち)

坐 앉을 좌 [土4, 총7획] — sit 坐 zuò ザ(すわる)

聽 들을 청 [耳16, 총22획] — hear 听 tīng チョウ(きく) 聞

20 立命立聽 입명입청 서서 명하시면 서서 들어라.

立 설 립 [立0, 총5획] — stand 立 lì リツ(たてる)

命 명할 명 [口5, 총8획] — life 命 mìng メイ(いのち)

立 설 립 [立0, 총5획] — stand 立 lì リツ(たてる)

聽 들을 청 [耳16, 총22획] — hear 听 tīng チョウ(きく) 聞

1단계 효행(孝行) | 23

21 父母出入 부모출입 부모께서 나가고 들어 오시거든

父 아비 부 [父0, 총4획] — 영 father 중 父 fù 일 フ(ちち)

母 어미 모 [毋1, 총5획] — 영 mother 중 母 mǔ 일 ボ(はは)

出 날 출 [凵3, 총5획] — 영 come out 중 出 chū 일 シュツ(でる) 반 缺

入 들 입 [入0, 총2획] — 영 enter 중 入 rù 일 ニュウ(いる)

22 每必起立 매필기립 매번 반드시 일어나 서라.

每 매양 매 [毋3, 총7획] — 영 always 중 每 měi 일 マイ(ごと)

必 반드시 필 [心1, 총5획] — 영 surely 중 必 bì 일 ヒ・ゴ(あう・ちぎる)

起 일어날 기 [走3, 총10획] — 영 rise 중 起 qǐ 일 キ(おきる) 반 伏, 寢

立 설 립 [立0, 총5획] — 영 stand 중 立 lì 일 リツ(たてる)

23 父母衣服 부모의복   부모님의 의복을

24 勿踰勿踐 물유물천   넘어 다니지 말고 밟지 말라.

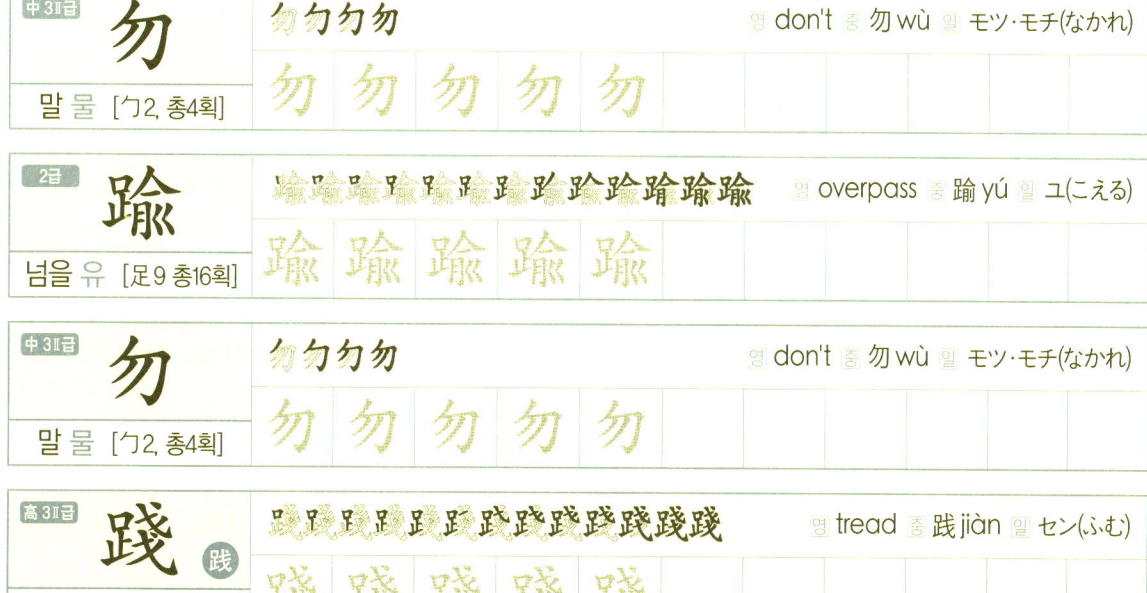

25 父母有疾 부모유질 — 부모님께서 병을 앓으시거든
※ 疾→病(병들 병)으로도 씀

父 아비 부 [父0, 총4획] — 영 father 중 父 fù 일 フ(ちち)

母 어미 모 [毋1, 총5획] — 영 mother 중 母 mǔ 일 ボ(はは)

有 있을 유 [月2, 총6획] — 영 exist 중 有 yǒu 일 ユウ(ある) 반 無

疾 병 질 [疒5, 총10획] — 영 disease 중 疾 jí 일 シツ(やまい)

26 憂而謀瘳 우이모추 — 근심하고 병 낫게 하기를 꾀하라.
※ 瘳→療(병고칠 료)로도 씀

憂 근심 우 [心11, 총15획] — 영 anxiety 중 忧 yōu 일 ユウ(うい)

而 말이을 이 [而0, 총6획] — 영 and 중 而 ér 일 ジ(しかして)

謀 꾀 모 [言9, 총16획] — 영 plot 중 谋 móu 일 ボウ(はかる)

瘳 병나을 추 [疒11, 총16획] — 영 recover 중 chōu 일 チュウ(いえる)

27 對案不食 대안불식
밥상을 대하시고서 잡수시지 않으시거든
※ 父母不食(부모불식) : 부모님께서 잡수시지 않거든

對 [中6급] 対
대할 대 [寸11, 총14획]
영 reply 중 对 duì 일 タイ(こたえる)

案 [中5급]
밥상 안 [木6, 총10획]
영 table 중 案 àn 일 アン

不 [中7급]
아닐 불 [一3, 총4획]
영 not 중 不 bù 일 フ·ブ

食 [中7급]
밥 식 [食0, 총9획]
영 eat·meal 중 食 shí 일 ショク(たべる)

28 思得良饌 사득량찬
좋은 음식을 장만할 것을 생각하라.

思 [中5급]
생각할 사 [心5, 총9획]
영 think 중 思 sī 일 シ(おもう) 유 意, 考, 慮, 想

得 [中4Ⅱ급]
얻을 득 [彳8, 총11획]
영 get 중 得 dé 일 トク(える) 반 失

良 [中5급]
좋을 량 [艮0, 총7획]
영 good 중 良 liáng 일 リョウ(かて)

饌 [1급]
반찬 찬 [食12, 총21획]
영 sidedish 중 馔 zhuàn 일 セン(そなえもの)

29 晨必先起 신필선기   새벽에는 반드시 먼저 일어나

| 高3급 | 晨 새벽 신 [日7, 총11획] | 晨晨晨晨晨晨晨晨晨
晨 晨 晨 晨 晨 | 영 daybreak 중 晨 chén 일 シン(あした) |

| 中5급 | 必 반드시 필 [心1, 총5획] | 必必必必必
必 必 必 必 必 | 영 surely 중 必 bì 일 キ・ゴ(あう・ちぎる) |

| 中8급 | 先 먼저 선 [儿4, 총6획] | 先先先先先先
先 先 先 先 先 | 영 first 중 先 xiān 일 セン(さき) 반 後 |

| 中4Ⅱ급 | 起 일어날 기 [走3, 총10획] | 起起起起起起起起起起
起 起 起 起 起 | 영 rise 중 起 qǐ 일 キ(おきる) 반 伏, 寢 |

30 必盥必漱 필관필수   반드시 세수하고 반드시 양치질하며,

| 中5급 | 必 반드시 필 [心1, 총5획] | 必必必必必
必 必 必 必 必 | 영 surely 중 必 bì 일 キ・ゴ(あう・ちぎる) |

| 특급 | 盥 씻을 관 [皿11, 총16획] | 盥盥盥盥盥盥盥盥盥盥盥
盥 盥 盥 盥 盥 | 영 wash 중 guàn 일 カン(あらう) |

| 中5급 | 必 반드시 필 [心1, 총5획] | 必必必必必
必 必 必 必 必 | 영 surely 중 必 bì 일 キ・ゴ(あう・ちぎる) |

| 2급 | 漱 양치질할 수 [水11, 총14획] | 漱漱漱漱漱漱漱
漱 漱 漱 漱 漱 | 영 gargle 중 shù 일 ソウ(くちすすぐ) |

31 昏定晨省 혼정신성
저녁엔 잠자리를 정하고 새벽엔 문안을 살피고,
※ 暮須後寢(모수후침) : 저물면 모름지기 나중에 잠자고

高 3급 昏
어두울 혼 [日4, 총8획]
영 dark 중 昏 hūn 일 コン(くらい)

中 6급 定
정할 정 [宀5, 총8획]
영 settle·set 중 定 dìng 일 テイ(さだめる)

高 3급 晨
새벽 신 [日7, 총11획]
영 daybreak 중 晨 chén 일 シン(あした)

中 6급 省
살필 성 [目4, 총9획]
영 look 중 省 shěng 일 セイ(かえりみる)

32 冬溫夏淸 동온하정
겨울엔 따뜻하고 여름엔 시원하게 해 드려라.

中 7급 冬
겨울 동 [冫3, 총5획]
영 winter 중 冬 dōng 일 トウ(ふゆ)

中 6급 溫 (温)
따뜻할 온 [水10, 총13획]
영 warm 중 温 wēn 일 オン(あたたか) 반 冷 暖

中 7급 夏
여름 하 [夊7, 총10획]
영 china·summer 중 夏 xià 일 カ(なつ)

1급 淸
서늘할 정 [冫8, 총10획]
영 cool 중 清 qīng 일 セイ(すずしい)

33 出必告之 출필고지 — 밖에 나갈 때에는 반드시 아뢰고

※ 之 : 의 지(~의 : 관형격 조사), 이 지(이것은 : 지시 대명사)

出 날 출 [凵3, 총5획] — 中7급
出出出出出
영 come out 중 出 chū 일 シュツ(でる) 반 缺

必 반드시 필 [心1, 총5획] — 中5급
必必必必必
영 surely 중 必 bì 일 キ·ゴ(あう·ちぎる)

告 알릴 고 [口4, 총7획] — 中5급
告告告告告告告
영 tell 중 告 gào 일 コウ·コク(つげる) 동 報, 申

之 갈 지 [丿3, 총4획] — 中3Ⅱ급
之之之之
영 go 중 之 zhī 일 シ(ゆく·これ)

34 反必面之 반필면지 — 돌아오면 반드시 뵈어라.

※ 返(돌아올반) 必(반드시필) 拜(절배) 謁(아뢸알)하라 : 돌아와서는 반드시 아뢰고 뵈어라.

反 되돌릴 반 [又2, 총4획] — 中6급
反反反反
영 return 중 反 fǎn 일 ハン(そる)

必 반드시 필 [心1, 총5획] — 中5급
必必必必必
영 surely 중 必 bì 일 キ·ゴ(あう·ちぎる)

面 얼굴 면 [面0, 총9획] — 中7급
面面面面面面面面面
영 face 중 面 miàn 일 メン(かお)

之 갈 지 [丿3, 총4획] — 中3Ⅱ급
之之之之
영 go 중 之 zhī 일 シ(ゆく·これ)

35 愼勿遠遊 신물원유 부디 먼 곳에 가서 놀지 말며

高 3Ⅱ급 愼 삼갈 신 [心9, 총13획] — careful 慎 shèn シン(つつしむ)

中 3Ⅱ급 勿 말 물 [勹2, 총4획] — don't 勿 wù モツ·モチ(なかれ)

中 6급 遠 멀 원 [辶10, 총14획] — distant 远 yuǎn エン(とおい) 반 近

中 4급 遊 놀 유 [辶9, 총13획] — play 游 yóu ユ·ユウ(あそぶ)

36 遊必有方 유필유방 놀더라도 반드시 일정한 곳이 있게 하라.

中 4급 遊 놀 유 [辶9, 총13획] — play 游 yóu ユ·ユウ(あそぶ)

中 5급 必 반드시 필 [心1, 총5획] — surely 必 bì キ·ゴ(あう·ちぎる)

中 7급 有 있을 유 [月2, 총6획] — exist 有 yǒu ユウ(ある) 반 無

中 7급 方 방향 방 [方0, 총4획] — square 方 fāng ホウ(かた)

37 出入門戶 출입문호 문호를 출입할 때에는

出 날 출 [凵3, 총5획] — 中7급
出出出出出
영 come out 중 出 chū 일 シュツ(でる) 반 缺

入 들 입 [入0, 총2획] — 中7급
入入
영 enter 중 入 rù 일 ニュウ(いる)

門 문 문 [門0, 총8획] — 中8급
門門門門門門門門
영 door 중 门 mén 일 モン(かど)

戶 지게 호 [戶0, 총4획] — 中4Ⅱ급
戶戶戶戶
영 door 중 户 hù 일 コ(と)

38 開閉必恭 개폐필공 문을 여닫기를 반드시 공손하게 하라.

開 열 개 [門4, 총12획] — 中6급
開開開開開開開開開開開開
영 open 중 开 kāi 일 カイ(ひらく) 반 閉

閉 닫을 폐 [門3, 총11획] — 中4급
閉閉閉閉閉閉閉閉閉閉閉
영 shut 중 闭 bì 일 ヘイ(とじる) 반 開

必 반드시 필 [心1, 총5획] — 中5급
必必必必必
영 surely 중 必 bì 일 キ・ゴ(あう・ちぎる)

恭 공손할 공 [心6, 총10획] — 高3Ⅱ급
恭恭恭恭恭恭恭恭恭恭
영 respectful 중 恭 gōng 일 キョウ(うやうやしい)

39 勿立門中 물립문중 문 한가운데 서지 말고

40 勿坐房中 물좌방중 방 한가운데 앉지 말라.

41 行勿慢步 행물만보 — 걸어갈 때에 걸음을 거만하게 걷지 말고

行 다닐 행 [行0, 총6획] — 中6급
行行行行行行
영 go·walk 중 行 xíng 일 コウ(いく) 반 言

勿 말 물 [勹2, 총4획] — 中3Ⅱ급
勿勿勿勿
영 don't 중 勿 wù 일 モツ·モチ(なかれ)

慢 거만할 만 [心10, 총14획] — 高3급
慢慢慢慢慢慢慢慢慢慢慢
영 haughty 중 慢 màn 일 マン(あなどる)

步 걸음 보 [止3, 총7획] — 中4Ⅱ급
步步步步步步步
영 walk 중 步 bù 일 ホ·ブ(あるく)

42 坐勿倚身 좌물의신 — 앉을 때에 몸을 기대지 말라.

坐 앉을 좌 [土4, 총7획] — 中3Ⅱ급
坐坐坐坐坐坐坐
영 sit 중 坐 zuò 일 ザ(すわる)

勿 말 물 [勹2, 총4획] — 中3Ⅱ급
勿勿勿勿
영 don't 중 勿 wù 일 モツ·モチ(なかれ)

倚 의지할 의 [人8, 총10획] — 2급
倚倚倚倚倚倚倚
영 depend 중 倚 yǐ 일 イ(よる)

身 몸 신 [身0, 총7획] — 中6급
身身身身身身身
영 body 중 身 shēn 일 シン(み) 반 心 동 體·肉

43 須勿大唾 수물대타　모름지기 크게 침 뱉지 말고

| 中3급 | 須 모름지기 수 [頁3, 총12획] | 須須須須須須須須須須須 | 영 should 중 须 xū 일 シユ(すべからく) |

| 中3II급 | 勿 말 물 [勹2, 총4획] | 勿勿勿勿 | 영 don't 중 勿 wù 일 モツ·モチ(なかれ) |

| 中8급 | 大 큰 대 [大0, 총3획] | 大ナ大 | 영 big 중 大 dà 일 タイ(おおきい) 반 小 동 巨 |

| 1급 | 唾 침 타 [口8, 총11획] | 唾唾唾唾唾唾唾唾唾 | 영 spittle 중 唾 tuò 일 ダ(つば) |

44 亦勿大言 역물대언　또한 크게 말을 하지 말라.

| 中3II급 | 亦 또 역 [亠4, 총6획] | 亦亦亠亣亦亦 | 영 also 중 亦 yì 일 エキ·ヤク(また) |

| 中3II급 | 勿 말 물 [勹2, 총4획] | 勿勿勿勿 | 영 don't 중 勿 wù 일 モツ·モチ(なかれ) |

| 中8급 | 大 큰 대 [大0, 총3획] | 大ナ大 | 영 big 중 大 dà 일 タイ(おおきい) 반 小 동 巨 |

| 中6급 | 言 말씀 언 [言0, 총7획] | 言言言言言言言 | 영 word 중 言 yán 일 ゲン(こと) |

1단계 효행(孝行) | 35

45 口勿雜談 구물잡담 입으로는 잡담을 하지 말고

口 입 구 [口0, 총3획] — 中7급
영 mouth 중 口 kǒu 일 コウ(くち)

勿 말 물 [勹2, 총4획] — 中3Ⅱ급
영 don't 중 勿 wù 일 モツ・モチ(なかれ)

雜 섞일 잡 [隹10, 총18획] — 高4급 (杂)
영 mixed 중 杂 zá 일 ザツ(まじる)

談 말씀 담 [言8, 총15획] — 中5급
영 speak 중 谈 tán 일 ダン(はなす) 동 話

46 手勿雜戱 수물잡희 손으로는 장난을 하지 말라.

手 손 수 [手0, 총4획] — 中7급
영 hand 중 手 shǒu 일 シュ(て) 반 足

勿 말 물 [勹2, 총4획] — 中3Ⅱ급
영 don't 중 勿 wù 일 モツ・モチ(なかれ)

雜 섞일 잡 [隹10, 총18획] — 高4급 (杂)
영 mixed 중 杂 zá 일 ザツ(まじる)

戱 희롱할 희 [戈13, 총17획] — 中3Ⅱ급 (戏)
영 raillery 중 戏 xì 일 ギ(たわむれる)

47 膝前勿坐 슬전물좌　부모님 무릎 앞에 앉지 말고

膝 무릎 슬 [肉11, 총15획] — knee　xī　シツ(ひざ) [1급]

前 앞 전 [刀7, 총9획] — front　前 qián　ゼン(まえ)　반 後 [中7급]

勿 말 물 [勹2, 총4획] — don't　勿 wù　モツ·モチ(なかれ) [中3II급]

坐 앉을 좌 [土4, 총7획] — sit　坐 zuò　ザ(すわる) [中3II급]

48 親面勿仰 친면물앙　부모님의 얼굴을 똑바로 쳐다보지 말라.

※ 親 : 어버이 친, 친척 친

親 친할 친 [見9, 총16획] — intimate　亲 qīn　シン(おや·したしい) [中6급]

面 얼굴 면 [面0, 총9획] — face　面 miàn　メン(かお) [中7급]

勿 말 물 [勹2, 총4획] — don't　勿 wù　モツ·モチ(なかれ) [中3II급]

仰 우러를 앙 [人4, 총6획] — respect　仰 yǎng　ギョウ(あおぐ) [中3II급]

49 須勿放笑 수물방소　모름지기 큰소리로 웃지 말고

中3급 須 모름지기 수 [頁3, 총12획]
須須須須須須須須須須
영 should　중 須 xū　일 シユ(すべからく)

中3Ⅱ급 勿 말 물 [勹2, 총4획]
勿勿勿勿
영 don't　중 勿 wù　일 モツ・モチ(なかれ)

中6급 放 놓을 방 [攵4, 총8획]
放放放放放放放放
영 release　중 放 fàng　일 ホウ(はなし)

中4Ⅱ급 笑 웃을 소 [竹4, 총10획]
笑笑笑笑笑笑笑笑笑笑
영 laugh　중 笑 xiào　일 ショウ(わらう)

50 亦勿高聲 역물고성　또한 큰소리로 말하지 말라.

※ 亦勿翔行(역물상행)하라 : 또한 날 듯이 다니지 말라.

中3급 亦 또 역 [亠4, 총6획]
亦亦亦亦亦亦
영 also　중 亦 yì　일 エキ・ヤク(また)

中3Ⅱ급 勿 말 물 [勹2, 총4획]
勿勿勿勿
영 don't　중 勿 wù　일 モツ・モチ(なかれ)

中6급 高 높을 고 [高0, 총10획]
高高高高高高高高高
영 high　중 高 gāo　일 コウ(たかい)　반 低　동 崇

中4Ⅱ급 聲 (声) 소리 성 [耳11, 총17획]
聲聲聲聲聲聲聲聲聲聲聲
영 voice　중 声 shēng　일 セイ(こえ)　동 音

51 侍坐父母 시좌부모 부모님을 모시고 앉아 있거든

侍 모실 시 [人6, 총8획] — serve 侍 shì シ·ジ(はべる)

坐 앉을 좌 [土4, 총7획] — sit 坐 zuò ザ(すわる)

父 아비 부 [父0, 총4획] — father 父 fù フ(ちち)

母 어미 모 [毋1, 총5획] — mother 母 mǔ ボ(はは)

52 勿怒責人 물노책인 성내어 다른 사람을 꾸짖지 말라.

勿 말 물 [勹2, 총4획] — don't 勿 wù モツ·モチ(なかれ)

怒 성낼 노 [心5, 총9획] — angry 怒 nù ド(いかる) 반 喜

責 꾸짖을 책 [貝4, 총11획] — scold 责 zé セキ(せめる)

人 사람 인 [人0, 총2획] — person 人 rén ジン·ニン(ひと)

53 侍坐親前 시좌친선   어버이를 앞에 모시고 앉을 때는

侍 모실 시 [人6, 총8획] — 高3Ⅱ급
侍侍侍侍侍侍侍
영 serve 중 侍 shì 일 シ·ジ(はべる)

坐 앉을 좌 [土4, 총7획] — 中3Ⅱ급
坐坐坐坐坐坐坐
영 sit 중 坐 zuò 일 ザ(すわる)

親 친할 친 [見9, 총16획] — 中6급
親親親親親親親親親親
영 intimate 중 亲 qīn 일 シン(おや·したしい)

前 앞 전 [刀7, 총9획] — 中7급
前前前前前前前前前
영 front 중 前 qián 일 ゼン(まえ) 반 後

54 勿踞勿臥 물거물와   걸터앉지 말며 눕지 말라.

勿 말 물 [勹2, 총4획] — 中3Ⅱ급
勿勿勿勿
영 don't 중 勿 wù 일 モツ·モチ(なかれ)

踞 웅크릴 거 [足8 총15획] — 2급
踞踞踞踞踞踞踞踞
영 take a seat 중 踞 jù 일 キョ(うずくまる)

勿 말 물 [勹2, 총4획] — 中3Ⅱ급
勿勿勿勿
영 don't 중 勿 wù 일 モツ·モチ(なかれ)

臥 엎드릴 와 [臣2, 총8획] — 中3급
臥臥臥臥臥臥臥
영 down 중 臥 wò 일 ガ(ふす)

55 獻物父母 헌물부모 부모님께 물건을 드리거든

獻 [高3II급] 바칠 헌 [犬16, 총20획] — dedicate / 献 xiàn / ケン(たてまつる)

物 [中7급] 만물 물 [牛4, 총8획] — thing·matter / 物 wù / ブツ(もの)

父 [中8급] 아비 부 [父0, 총4획] — father / 父 fù / フ(ちち)

母 [中8급] 어미 모 [毋1, 총5획] — mother / 母 mǔ / ボ(はは)

56 跪而進之 궤이진지 꿇어앉아서 올려라.

跪 [2급] 꿇어앉을 궤 [足6, 총13획] — kneel down / guì / キ(ひざまずく)

而 [中3급] 말이을 이 [而0, 총6획] — and / 而 ér / ジ(しかして)

進 [中4II급] 나갈 진 [辵8, 총12획] — advance / 进 jìn / シン(すすむ) / 반 退

之 [中3II급] 갈 지 [丿3, 총4획] — go / 之 zhī / シ(ゆく·これ)

57 與我飮食 여아음식 나에게 음식을 주시거든

與 (与) 줄 여 [臼8, 총14획] — give / 与 yǔ / ヨ(あたえる) / 奪 / 參

我 나 아 [戈3, 총7획] — I·we / 我 wǒ / ガ(わ·われ)

飮 마실 음 [食4, 총13획] — drink / 饮 yǐn / イン(のむ)

食 밥 식 [食0, 총9획] — eat·meal / 食 shí / ショク(たべる)

58 跪而受之 궤이수지 꿇어앉아서 받아라.

跪 꿇어앉을 궤 [足6, 총13획] — kneel down / 跪 guì / キ(ひざまずく)

而 말이을 이 [而0, 총6획] — and / 而 ér / ジ(しかして)

受 받을 수 [又6, 총8획] — receive / 受 shòu / ジュ(うける) / 授

之 갈 지 [丿3, 총4획] — go / 之 zhī / シ(ゆく·これ)

59 器有飲食 기유음식   그릇에 음식이 있어도

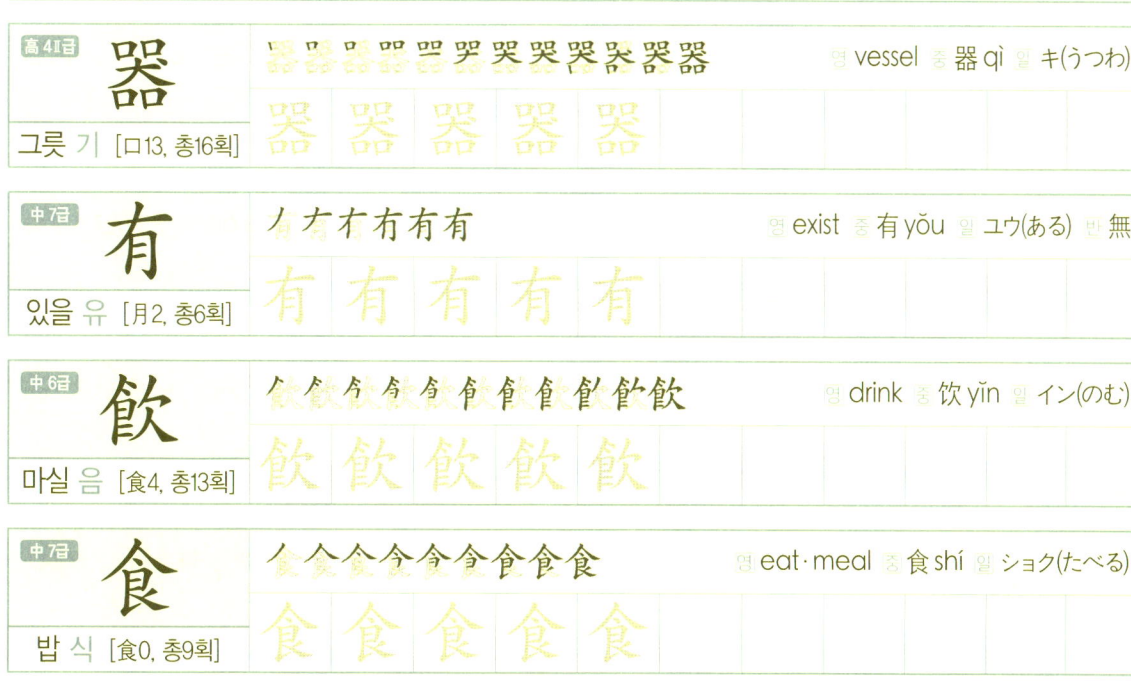

60 不與勿食 불여물식   주시지 않으면 먹지 말라.

※ 不→毋(말 무)로도 씀

61 若得美味 약득미미   만약 맛있는 음식을 얻으면

※ 味→果(과실 과)로도 씀

若 만일 약 [艸5, 총9획] — 若若若若若若若若若 — 영 if 중 若 ruò 일 ジャケ(もし)

得 얻을 득 [彳8, 총11획] — 得得得得得得得得得得得 — 영 get 중 得 dé 일 トク(える) 반 失

美 좋을 미 [羊3, 총9획] — 美美美美美美美美美 — 영 beautiful 중 美 měi 일 ビ·ミ(うつくしい)

味 맛 미 [口5, 총8획] — 味味味味味味味味 — 영 taste 중 味 wèi 일 ミ(あじ)

62 歸獻父母 귀헌부모   돌아가 부모님께 드려라.

歸 (帰) 돌아갈 귀 [止14, 총18획] — 歸歸歸歸歸歸歸歸歸歸歸歸歸歸歸歸歸歸 — 영 return·go back 중 归 guī 일 キ(かえる)

獻 (献) 바칠 헌 [犬16, 총20획] — 獻獻獻獻獻獻獻獻獻獻獻獻 — 영 dedicate 중 献 xiàn 일 ケン(たてまつる)

父 아비 부 [父0, 총4획] — 父父父父 — 영 father 중 父 fù 일 フ(ちち)

母 어미 모 [毋1, 총5획] — 母母母母母 — 영 mother 중 母 mǔ 일 ボ(はは)

63 飮食親前 음식친전 부모님 앞에서 음식을 들거든

64 勿出器聲 물출기성 그릇 소리를 내지 말라.

65 衣服雖惡 의복수악   의복이 비록 나쁘더라도

| 中6급 衣 옷 의 [衣0, 총6획] | 衣衣衣衣衣衣 | 영 clothing 중 衣 yī 일 イ(ころも) 동 服 |

| 中6급 服 옷 복 [月4, 총8획] | 服服服服服服服 | 영 clothes 중 服 fú 일 フク(きもの) 동 衣 |

| 中3급 雖 비록 수 [隹9, 총17획] | 雖雖雖雖雖雖雖雖雖雖雖 | 영 even if 중 虽 suī 일 スイ(いえども) |

| 中5급 惡 나쁠 악 [心8, 총12획] | 惡惡惡惡惡惡惡惡惡惡 | 영 bad · hate 중 恶 è 일 アク(わるい) 반 善 |

66 與之必着 여지필착   주시면 반드시 입어라.

| 中4급 與 [与] 줄 여 [臼8, 총14획] | 與與與與與與與與與與 | 영 give 중 与 yǔ 일 ヨ(あたえる) 반 奪 동 參 |

| 中3Ⅱ급 之 갈 지 [丿3, 총4획] | 之之之之 | 영 go 중 之 zhī 일 シ(ゆく·これ) |

| 中5급 必 반드시 필 [心1, 총5획] | 必必必必 | 영 surely 중 必 bì 일 ヒ·ゴ(かならず·ちぎる) |

| 中5급 着 입을 착 [目7, 총12획] | 着着着着着着着着着着 | 영 put on 중 着 zháo 일 チャク(きる) 반 發 |

67 飮食雖厭 음식수염 음식이 비록 먹기 싫더라도

68 與之必食 여지필식 주시면 반드시 먹어라.

69 父母無衣 부모무의 부모님이 입으실 옷이 없으시면

父 아비 부 [父0, 총4획] — 영 father 중 父 fù 일 フ(ちち)

父父父父

母 어미 모 [毋1, 총5획] — 영 mother 중 母 mǔ 일 ボ(はは)

母母母母母

無 없을 무 [火8, 총12획] — 영 nothing 중 无 wú 일 ム·ブ(ない) 반 有

無無無無無無無無無無無

衣 옷 의 [衣0, 총6획] — 영 clothing 중 衣 yī 일 イ(ころも) 동 服

衣衣衣衣衣衣

70 勿思我衣 물사아의 내가 입을 옷을 생각지 말며

※ 勿→毋(말 무)로도 씀

勿 말 물 [勹2, 총4획] — 영 don't 중 勿 wù 일 モツ·モチ(なかれ)

勿勿勿勿

思 생각할 사 [心5, 총9획] — 영 think 중 思 sī 일 シ(おもう) 동 意, 考, 慮, 想

思思思思思思思思

我 나 아 [戈3, 총7획] — 영 I·we 중 我 wǒ 일 ガ(わ·われ)

我我我我我我我

衣 옷 의 [衣0, 총6획] — 영 clothing 중 衣 yī 일 イ(ころも) 동 服

衣衣衣衣衣衣

71 父母無食 부모무식 부모님이 드실 음식이 없으시거든

| 中8급 | 父 아비 부 [父0, 총4획] | 丶ノグ父 | father | 父 fù | フ(ちち) | |

| 中8급 | 母 어미 모 [毋1, 총5획] | 乚毋母母母 | mother | 母 mǔ | ボ(はは) | |

| 中5급 | 無 없을 무 [火8, 총12획] | 𠂉𠂉𠂉𠂉無無無無無無 | nothing | 无 wú | ム·ブ(ない) | 반 有 |

| 中7급 | 食 밥 식 [食0, 총9획] | 人人今今今食食食 | eat·meal | 食 shí | ショク(たべる) | |

72 勿思我食 물사아식 내가 먹을 음식을 생각지 말라.

※ 勿→毋(말 무)로도 씀

| 中3Ⅱ급 | 勿 말 물 [勹2, 총4획] | 勹勹勹勿 | don't | 勿 wù | モツ·モチ(なかれ) | |

| 中5급 | 思 생각할 사 [心5, 총9획] | 丨口日田思思思思 | think | 思 sī | シ(おもう) | 意, 考, 慮, 想 |

| 中3Ⅱ급 | 我 나 아 [戈3, 총7획] | 我我千手我我我 | I·we | 我 wǒ | ガ(わ·われ) | |

| 中7급 | 食 밥 식 [食0, 총9획] | 人人今今今食食食 | eat·meal | 食 shí | ショク(たべる) | |

1단계 효행(孝行) | 49

73 身體髮膚 신체발부 — 신체와 머리털과 피부를

※ 髮膚爪骨(발부조골)을 : 머리털과 살과 손톱과 뼈를

身 몸 신 [身0, 총7획] — 中6급
영 body | 중 身 shēn | 일 シン(み) | 반 心 | 동 體, 肉

體 (体) 몸 체 [骨13, 총23획] — 中6급
영 body | 중 体 tǐ | 일 タイ(からだ) | 동 身

髮 (髪) 머리털 발 [髟5, 총15획] — 高4급
영 hair | 중 发 fà | 일 ハツ(かみ) | 동 毛

膚 살갗 부 [肉11, 총15획] — 3급
영 skin | 중 肤 fū | 일 フ

74 勿毀勿傷 물훼물상 — 훼손하지 말며 상하지 말라.

勿 말 물 [勹2, 총4획] — 中3II급
영 don't | 중 勿 wù | 일 モツ・モチ(なかれ)

毀 헐 훼 [殳9, 총13획] — 高3급
영 destroy | 중 毁 huǐ | 일 キ(やぶれる)

勿 말 물 [勹2, 총4획] — 中3II급
영 don't | 중 勿 wù | 일 モツ・モチ(なかれ)

傷 상처 상 [人11, 총13획] — 中4급
영 injure | 중 伤 shāng | 일 ショウ(きずつ)

75 衣服帶靴 의복대화

의복과 허리띠와 신발을

※ 靴→鞋(신 혜)로도 씀

中6급 衣 옷 의 [衣0, 총6획] — 영 clothing 중 衣 yī 일 イ(ころも) 동 服

中6급 服 옷 복 [月4, 총8획] — 영 clothes 중 服 fú 일 フク(きもの) 동 衣

高4Ⅱ급 帶(帯) 띠 대 [巾8, 총11획] — 영 belt 중 帶 dài 일 タイ(おび)

2급 靴 신발 화 [革4, 총13획] — 영 footgear 중 xuē 일 カ(くつ)

76 勿失勿裂 물실물렬

잃어버리지 말며 찢지 말라.

※ 不失不裂로도 씀

中3Ⅱ급 勿 말 물 [勹2, 총4획] — 영 don't 중 勿 wù 일 モツ·モチ(なかれ)

中6급 失 잃을 실 [大2, 총5획] — 영 lose 중 失 shī 일 シツ(うしなう) 반 得 동 過

中3Ⅱ급 勿 말 물 [勹2, 총4획] — 영 don't 중 勿 wù 일 モツ·モチ(なかれ)

3급 裂 찢을 렬 [衣6, 총12획] — 영 be torn 중 liè 일 レツ(たつ)

77 父母愛之 부모애지　부모님께서 사랑해 주시거든

父 아비 부 [父0, 총4획]　中8급
父父父父
영 father　중 父 fǔ　일 フ(ちち)

母 어미 모 [毋1, 총5획]　中8급
母母母母母
영 mother　중 母 mǔ　일 ボ(はは)

愛 사랑 애 [心9, 총13획]　中6급
愛愛愛愛愛愛愛愛愛愛愛
영 love　중 爱 ài　일 アイ(いとしい)

之 갈 지 [丿3, 총4획]　中3Ⅱ급
之之之之
영 go　중 之 zhì　일 シ(ゆく・これ)

78 喜而勿忘 희이물망　기뻐하며 잊지 말라.

喜 기쁠 희 [口9, 총12획]　中4급
喜喜喜喜喜喜喜喜喜喜
영 delightful　중 喜 xǐ　일 キ(よろこぶ)　반 悲

而 말이을 이 [而0, 총6획]　中3급
而而而而而而
영 and　중 而 ér　일 ジ(しかして)

勿 말 물 [勹2, 총4획]　中3Ⅱ급
勿勿勿勿
영 don't　중 勿 wù　일 モツ・モチ(なかれ)

忘 잊을 망 [心3, 총7획]　中3급
忘忘忘忘忘忘忘
영 forget　중 忘 wàng　일 ボウ(わすれる)

79 父母責之 부모책지   부모님께서 꾸짖으시거든

父 아비 부 [父0, 총4획] — father, 父 fù, フ(ちち)

母 어미 모 [毋1, 총5획] — mother, 母 mǔ, ボ(はは)

責 꾸짖을 책 [貝4, 총11획] — scold, 责 zè, セキ(せめる)

之 갈 지 [丿3, 총4획] — go, 之 zhī, シ(ゆく·これ)

80 反省勿怨 반성물원   반성하고 원망하지 말라.

※ 勿怒勿答(물노물답)하라 : 성내지도 말고 대꾸하지도 말라.

反 되돌릴 반 [又2, 총4획] — return, 反 fǎn, ハン(そる)

省 살필 성 [目4, 총9획] — look, 省 shěng, セイ(かえりみる)

勿 말 물 [勹2, 총4획] — don't, 勿 wù, モツ·モチ(なかれ)

怨 원망할 원 [心5, 총9획] — grudge, 怨 yuàn, エン(うらむ) 반 恩

81 勿登高樹 물등고수   높은 나무에 올라가지 말라.
※ 子登高樹(자등고수)하면 : 자식이 높은 나무에 오르면

中 3Ⅱ급	勿 말 물 [勹2, 총4획]	勿勿勿勿	영 don't 중 勿 wù 일 モツ・モチ(なかれ)
中 7급	登 오를 등 [癶7, 총12획]	登登登登登登登	영 climb 중 登 dēng 일 ト・トウ(のぼる)
中 6급	高 높을 고 [高0, 총10획]	高高高高高高高高高	영 high 중 高 gāo 일 コウ(たかい) 반 低 동 崇
中 6급	樹 나무 수 [木12, 총16획]	樹樹樹樹樹樹樹樹樹樹樹樹	영 tree 중 树 shù 일 ジュ(き) 동 林, 木

82 父母憂之 부모우지   부모님께서 근심하시느니라.

中 8급	父 아비 부 [父0, 총4획]	父父父父	영 father 중 父 fù 일 フ(ちち)
中 8급	母 어미 모 [毋1, 총5획]	母母母母母	영 mother 중 母 mǔ 일 ボ(はは)
中 3Ⅱ급	憂 근심 우 [心11, 총15획]	憂憂憂憂憂憂憂憂憂憂	영 anxiety 중 忧 yōu 일 ユウ(うい)
中 3Ⅱ급	之 갈 지 [丿3, 총4획]	之之之之	영 go 중 之 zhī 일 シ(ゆく・これ)

83 勿泳深淵 물영심연 깊은 연못에서 헤엄치지 말라.

勿 말 물 [勹2, 총4획] — don't, 勿 wù, モツ・モチ(なかれ)

泳 헤엄칠 영 [水5, 총8획] — swim, 泳 yǒng, エイ(およぐ)

深 깊을 심 [水8, 총11획] — deep, 深 shēn, シン(ふかい)

淵 못 연 [水9, 총12획] — pond, 淵 yuān, エン(ふち)

84 父母念之 부모념지 부모님께서 염려하시느니라.

父 아비 부 [父0, 총4획] — father, 父 fù, フ(ちち)

母 어미 모 [毋1, 총5획] — mother, 母 mǔ, ボ(はは)

念 생각할 념 [心4, 총8획] — think, 念 niàn, ネン(おもう), 만 思, 慮

之 갈 지 [丿3, 총4획] — go, 之 zhī, シ(ゆく・これ)

1단계 효행(孝行) | 55

85 勿與人鬪 물여인투   남과 더불어 다투지 말라.
※ 人→다른 사람을 뜻함

中3II급 勿 말 물 [勹2, 총4획]
勿勿勿勿
영 don't 중 勿 wù 일 モツ·モチ(なかれ)

中4급 與 (与) 줄 여 [臼8, 총14획]
與與與與與與與與與與
영 give 중 与 yǔ 일 ヨ(あたえる) 반 奪 동 參

中8급 人 사람 인 [人0, 총2획]
人人
영 person 중 人 rén 일 ジン·ニン(ひと)

高4급 鬪 싸울 투 [鬥10, 총20획]
鬪鬪鬪鬪鬪鬪鬪鬪鬪鬪
영 fight 중 斗 dòu 일 トウ(たたかう) 동 戰, 爭

86 父母不安 부모불안   부모님께서 불안해하시느니라.

中8급 父 아비 부 [父0, 총4획]
父父父父
영 father 중 父 fù 일 フ(ちち)

中8급 母 어미 모 [毋1, 총5획]
母母母母母
영 mother 중 母 mǔ 일 ボ(はは)

中7급 不 아닐 불 [一3, 총4획]
不不不不
영 not 중 不 bù 일 フ·ブ

中7급 安 편안할 안 [宀3, 총6획]
安安安安安安
영 peaceful 중 安 ān 일 アン(やすい) 반 危

87 室堂有塵 실당유진 방과 거실에 먼지가 있거든

- 室 집 실 [宀6, 총9획] — house 室 shì シツ(へや)
- 堂 집 당 [土8, 총11획] — house 堂 táng ドウ(おもてざしき)
- 有 있을 유 [月2, 총6획] — exist 有 yǒu ユウ(ある) 반 無
- 塵 티끌 진 [土11, 총14획] — dust 尘 lù ジン(ちり)

88 常必灑掃 상필쇄소 항상 반드시 물 뿌리고 청소하라.

- 常 항상 상 [巾8, 총11획] — always 常 cháng ジョウ(とこ) 반 班
- 必 반드시 필 [心1, 총5획] — surely 必 bì キ・ゴ(あう・ちぎる)
- 灑 뿌릴 쇄 [水19, 총22획] — sprinkle 灑 sǎ サイ(そそぐ)
- 掃 쓸 소 [手8, 총11획] — sweep 扫 sǎo ソウ(はく)

89 若告西遊 약고서유 만일 서쪽에서 논다 여쭙고는

| 中3II급 | 若 만일 약 [艸5, 총9획] | 若若若若若若若若若 | 영 if 중 若 ruò 일 ジャケ(もし) |

| 中5급 | 告 알릴 고 [口4, 총7획] | 告告告告告告告 | 영 tell 중 告 gào 일 コウ・コク(つげる) 동 報, 申 |

| 中8급 | 西 서녘 서 [襾0, 총6획] | 西西西西西西 | 영 west 중 西 xī 일 セイ・サイ(にし) 반 東 |

| 中4급 | 遊 놀 유 [辶9, 총13획] | 遊遊遊遊遊遊遊遊遊遊遊遊遊 | 영 play 중 游 yóu 일 ユ・ユウ(あそぶ) |

90 不復東征 불부동정 다시 동쪽으로 가지 말라.

| 中7급 | 不 아닐 불 [一3, 총4획] | 不不不不 | 영 not 중 不 bù 일 フ・ブ |

| 中4II급 | 復 다시 부 [彳9, 총12획] | 復復復復復復復復復復復復 | 영 restore 중 复 fù 일 フク(かえる) 반 往 |

| 中8급 | 東 동녘 동 [木4, 총8획] | 東東東東東東東東 | 영 east 중 东 dōng 일 トウ(ひがし) 반 西 |

| 中3II급 | 征 갈 정 [彳5, 총8획] | 征征征征征征征征 | 영 go 중 征 zhēng 일 セイ(うつ・ゆく) |

91 親履勿履 친리물리 부모님 신을 밟지 말고

中 6급 親 친할 친 [見9, 총16획] — intimate 亲 qīn シン(おや・したしい)

高 3급 履 신 리 [尸12, 총15획] — shoes 履 lǚ リ(くつ・ふむ)

中 3Ⅱ급 勿 말 물 [勹2, 총4획] — don't 勿 wù モツ・モチ(なかれ)

高 3급 履 신 리 [尸12, 총15획] — shoes 履 lǚ リ(くつ・ふむ)

92 親席勿座 친석물좌 부모님 자리에 앉지 말라.

中 6급 親 친할 친 [見9, 총16획] — intimate 亲 qīn シン(おや・したしい)

中 6급 席 자리 석 [巾7, 총10획] — seat 席 xí セキ(むしろ・せき)

中 3Ⅱ급 勿 말 물 [勹2, 총4획] — don't 勿 wù モツ・モチ(なかれ)

高 4급 座 앉을 좌 [广7, 총10획] — seat 座 zuò ザ(すわる ところ)

1단계 효행(孝行) | 59

93 事必稟行 사필품행 일은 반드시 여쭈어 행하고

事 일 사 [亅7, 총8획] — work / 事 shì / ジ(こと)

必 반드시 필 [心1, 총5획] — surely / 必 bì / キ·ゴ(あう·ちぎる)

稟 줄 품 [禾8, 총13획] — tell, say / 禀 bǐng / ヒン(もうす)

行 행할 행 [行0, 총6획] — do / 行 xíng / コウ(いく) / 반 言

94 無敢自專 무감자전 감히 자기 멋대로 하지 말라.

無 없을 무 [火8, 총12획] — nothing / 无 wú / ム·ブ(ない) / 반 有

敢 감히 감 [攴8, 총12획] — dare / 敢 gǎn / カン(あえて)

自 스스로 자 [自0, 총6획] — self / 自 zì / シ·ジ(みずから)

專 오로지 전 [寸8, 총11획] — only / 专 zhuān / セン(もっぱら)

95 一欺父母 일기부모 — 한번이라도 부모님을 속이면
※ 平生一欺(평생일기)면 : 평생에 한번 속이면

中8급 一 한 일 [一0, 총1획] — one / 一 yī / イチ(ひと)

高3급 欺 속일 기 [欠8, 총12획] — cheat / 欺 qī / ギ(あざむく)

中8급 父 아비 부 [父0, 총4획] — father / 父 fù / フ(ちち)

中8급 母 어미 모 [毋1, 총5획] — mother / 母 mǔ / ボ(はは)

96 其罪如山 기죄여산 — 그 죄가 산과 같다.

中3Ⅱ급 其 그 기 [人6, 총8획] — it / 其 qí / キ(その)

中5급 罪 죄 죄 [网8, 총13획] — crime / 罪 zuì / ザイ(つみ)

中4급 如 같을 여 [女3, 총6획] — same / 如 rú / ジョ・ニョ(ごとし)

中8급 山 뫼 산 [山0, 총3획] — mountain / 山 shān / サン(やま) / 반 川

97 雪裏求筍 설리구순 눈 속에서 죽순을 구한 것은

| 中6급 | 雪 눈 설 [雨3, 총11획] | 雪雪雪雪雪雪雪雪雪雪
雪 雪 雪 雪 雪 | 영 snow 중 雪 xuě 일 セツ(ゆき) |

| 高3Ⅱ급 | 裏 속 리 [衣7, 총13획] | 裏裏裏裏裏裏裏裏裏
裏 裏 裏 裏 裏 | 영 inside 중 裏 lǐ 일 リ(うら・うち) |

| 中4Ⅱ급 | 求 구할 구 [水2, 총7획] | 求求求求求求求
求 求 求 求 求 | 영 obtain·get 중 求 qiú 일 キユウ(もとめる) |

| 2급 | 筍 죽순 순 [竹6 총12획] | 筍筍筍筍筍筍筍筍筍筍
筍 筍 筍 筍 筍 | 영 bamboo shot 중 筍 sǔn 일 ジュン(たけのこ) |

98 孟宗之孝 맹종지효 맹종의 효도이고,

| 高3Ⅱ급 | 孟 맏 맹 [子5, 총8획] | 孟孟孟孟孟孟孟孟
孟 孟 孟 孟 孟 | 영 first 중 孟 mèng 일 モウ(はじめ) |

| 中4Ⅱ급 | 宗 마루 종 [宀5, 총8획] | 宗宗宗宗宗宗宗宗
宗 宗 宗 宗 宗 | 영 ancestral 중 宗 zōng 일 ソウ(むね) |

| 中3Ⅱ급 | 之 갈 지 [丿3, 총4획] | 之之之之
之 之 之 之 之 | 영 go 중 之 zhī 일 シ(ゆく・これ) |

| 中7급 | 孝 효도 효 [子4, 총7획] | 孝孝孝孝孝孝孝
孝 孝 孝 孝 孝 | 영 filial piety 중 孝 xiào 일 コウ(まこと) |

99 剖氷得鯉 부빙득리
얼음을 깨고서 잉어를 잡은 것은

2급 剖 쪼갤 부 [刀8, 총10획] — 영 split 중 pōu 일 ボウ(わる)

中5급 氷 얼음 빙 [水1, 총5획] — 영 ice 중 冰 bīng 일 ヒョウ(こおり) 반 炭

中4Ⅱ급 得 얻을 득 [彳8, 총11획] — 영 get 중 得 dé 일 トク(える) 반 失

2급 鯉 잉어 리 [魚7, 총18획] — 영 carp 중 鲤 lǐ 일 リ(こい)

100 王祥之孝 왕상지효
왕상의 효도이다.

中8급 王 임금 왕 [玉0, 총4획] — 영 king 중 王 wáng 일 オウ(きみ)

高3급 祥 상서로울 상 [示6, 총11획] — 영 lucky 중 祥 xiáng 일 ショウ(めでたい)

中3Ⅱ급 之 갈 지 [丿3, 총4획] — 영 go 중 之 zhī 일 シ(ゆく·これ)

中7급 孝 효도 효 [子4, 총7획] — 영 filial piety 중 孝 xiào 일 コウ(まこと)

1단계 효행(孝行)

101 我身能賢 아신능현 — 내 몸이 능히 어질면

※ 我身能善(아신능선) : 내 몸이 능히 선하면

中3Ⅱ급	我 나 아 [戈3, 총7획]	我我我我我我我	영 I·we 중 我 wǒ 일 ガ(わ·われ)
中6급	身 몸 신 [身0, 총7획]	身身身身身身身	영 body 중 身 shēn 일 シン(み) 반 心 동 體, 肉
中5급	能 능할 능 [肉6, 총10획]	能能能能能能能能能能	영 able 중 能 néng 일 ノウ(よく)
中4Ⅱ급	賢 어질 현 [貝8, 총15획]	賢賢賢賢賢賢賢賢賢賢賢賢賢賢賢	영 wis 중 贤 xián 일 ケン(かしこい)

102 譽及父母 예급부모 — 명예가 부모님께 미치느니라.

高3Ⅱ급	譽 기릴 예 [言14, 총21획]	譽譽譽譽譽譽譽譽譽譽譽譽	영 fame 중 誉 yù 일 ヨ(ほまれ)
中3Ⅱ급	及 미칠 급 [又2, 총4획]	及及及及	영 reach 중 及 jí 일 キユウ(およぶ) 반 落
中8급	父 아비 부 [父0, 총4획]	父父父父	영 father 중 父 fù 일 フ(ちち)
中8급	母 어미 모 [毋1, 총5획]	母母母母母	영 mother 중 母 mǔ 일 ボ(はは)

103 我身不賢 아신불현   내 몸이 어질지 못하면

※ 我身能惡(아신능악) : 내 몸이 능히 악하면

| 中3Ⅱ급 | 我 나 아 [戈3, 총7획] | 我 | I·we 我 wǒ ガ(わ·われ) |

| 中6급 | 身 몸 신 [身0, 총7획] | 身 | body 身 shēn シン(み) 반 心 동 體, 肉 |

| 中7급 | 不 아닐 불 [一3, 총4획] | 不 | not 不 bù フ·ブ |

| 中4Ⅱ급 | 賢 (贤) 어질 현 [貝8, 총15획] | 賢 | benevolent 贤 xián ケン(かしこい) |

104 辱及父母 욕급부모   욕이 부모님께 미치느니라.

| 高3Ⅱ급 | 辱 욕보일 욕 [辰3, 총10획] | 辱 | disgrace 辱 rǔ ジョク(はずかしめる) |

| 中3Ⅱ급 | 及 미칠 급 [又2, 총4획] | 及 | reach 及 jí キュウ(および) 반 落 |

| 中8급 | 父 아비 부 [父0, 총4획] | 父 | father 父 fù フ(ちち) |

| 中8급 | 母 어미 모 [毋1, 총5획] | 母 | mother 母 mǔ ボ(はは) |

1단계 효행(孝行) | 65

105 追遠報本 추원보본 — 먼 조상을 추모하고 근본에 보답하여

追 쫓을 추 [辵6, 총10획] — pursue / 追 zhuī / ツイ(おう)

遠 멀 원 [辵10, 총14획] — distant / 远 yuǎn / エン(とおい) / 반 近

報 갚을 보 [土9, 총12획] — repay / 报 bào / ホウ(むくいる) / 반 告

本 근본 본 [木1, 총5획] — origin / 本 běn / ホン(もと) / 반 末 / 동 根

106 祭祀必誠 제사필성 — 제사를 반드시 정성스럽게 지내라.

祭 제사 제 [示6, 총11획] — sacrifice / 祭 jì / サイ(まつり)

祀 제사 사 [示3, 총8획] — sacrifice / 祀 sì / シ(まつる)

必 반드시 필 [心1, 총5획] — surely / 必 bì / キ・ゴ(あう・ちぎる)

誠 정성 성 [言7, 총14획] — sincerity / 诚 chéng / セイ(まこと) / 동 精

107 非有先祖 비유선조 선조가 계시지 않았으면

| 中4Ⅱ급 | 非 아닐 비 [非0, 총8획] | ノナナ非非非非非 | not 非 fēi ヒ(あらず) 是 |

| 中7급 | 有 있을 유 [月2, 총6획] | ノナオ有有有 | exist 有 yǒu ユウ(ある) 無 |

| 中8급 | 先 먼저 선 [儿4, 총6획] | 先先先先先先 | first 先 xiān セン(さき) 後 |

| 中7급 | 祖 조상 조 [示5, 총10획] | 祖祖ラオ和和祖祖祖 | grand father 祖 zǔ ソ(じじ) 孫 |

108 我身曷生 아신갈생 내 몸이 어디서 생겨났겠는가?

| 中3Ⅱ급 | 我 나 아 [戈3, 총7획] | 我我我我我我我 | I·we 我 wǒ ガ(わ・われ) |

| 中6급 | 身 몸 신 [身0, 총7획] | 身身白自身身身 | body 身 shēn シン(み) 心 體, 肉 |

| 2급 | 曷 어찌 갈 [曰5, 총9획] | 曷曷曷曷曷曷曷曷曷 | why 曷 hé カツ(なんぞ) |

| 中8급 | 生 날 생 [生0, 총5획] | 生生生生生 | born 生 shēng セイ(なま) 死 |

1단계 효행(孝行) | 67

109 事親如此 사친여차 — 부모를 섬기는 것이 이와 같으면

事 일 사 [亅7, 총8획] — 中7급 — work / 事 shì / ジ(こと)

親 친할 친 [見9, 총16획] — 中6급 — intimate / 亲 qīn / シン(おや·したしい)

如 같을 여 [女3, 총6획] — 中4급 — same / 如 rú / ジョ·ニョ(ごとし)

此 이 차 [止2, 총6획] — 中3II급 — this / 此 cǐ / シ(これ)

110 可謂孝矣 가위효의 — 효도한다고 이를 수 있다.

※ 可謂人才(가위인재) : 가히 인재라 이를 수 있다.

可 옳을 가 [口2, 총5획] — 中5급 — right / 可 kě / カ(よい) / 반 否

謂 이를 위 [言9, 총16획] — 高3II급 — speak of / 谓 wèi / ゴ(あやまる)

孝 효도 효 [子4, 총7획] — 中7급 — filial piety / 孝 xiào / コウ(まこと)

矣 어조사 의 [矢2, 총7획] — 中3급 — particle / 矣 yǐ / イ(じとじ)

111 不能如此 불능여차 능히 이와 같이 하지 못하면

| 中7급 | 不 아닐 불 [一3, 총4획] | 不 ア 不 不 | not | 不 bù | フ・ブ |

| 中5급 | 能 능할 능 [肉6, 총10획] | 能 ア ケ 斤 斤 斤 能 能 能 | able | 能 néng | ノウ(よく) |

| 中4급 | 如 같을 여 [女3, 총6획] | 〈 夂 女 如 如 如 | same | 如 rú | ジョ・ニョ(ごとし) |

| 中3Ⅱ급 | 此 이 차 [止2, 총6획] | 此 止 此 此 此 | this | 此 cǐ | シ(これ) |

112 禽獸無異 금수무이 금수와 다름이 없느니라.

| 高3Ⅱ급 | 禽 날짐승 금 [內8, 총13획] | 禽 ... 禽 禽 禽 禽 禽 | birds | 禽 qín | キン(とり) |

| 高3Ⅱ급 | 獸 (獣) 짐승 수 [犬15, 총19획] | 獸 ... 獸 獸 | beast | 兽 shòu | ジュウ(けもの) |

| 中5급 | 無 없을 무 [火8, 총12획] | 無 ... 無 無 無 無 無 | nothing | 无 wú | ム・ブ(ない) | 반 有 |

| 中4급 | 異 다를 이 [田6, 총11획] | 異 ... 異 異 異 異 異 | different | 异 yì | イ(ことなる) | 반 同 |

1단계 효행(孝行) | 69

113 學優則仕 학우즉사 학문이 넉넉하면 벼슬을 해서

| 中8급 | 學 [学] 배울 학 [子13, 총16획] | 學學學學學學學學學學學學 | 영 learn 중 学 xué 일 ガク(まなぶ) |

| 高4급 | 優 넉넉할 우 [人15, 총17획] | 優優優優優優優優優優優 | 영 enough 중 优 yōu 일 ユウ(すぐれる) |

| 中3급 | 則 곧 즉 [刀7, 총9획] | 則則則則則則則則則 | 영 at once 중 则 zé 일 ソク(のり) |

| 中5급 | 仕 벼슬할 사 [人3, 총5획] | 仕仕仕仕仕 | 영 enter the government 중 仕 shì 일 シ(つかえる) |

114 爲國盡忠 위국진충 나라를 위해 충성을 다하라.

| 中4II급 | 爲 [为] 할 위 [爪8, 총12획] | 爲爲爲爲爲爲爲爲爲爲爲 | 영 do 중 为 wèi 일 イ(なす·ため) |

| 中8급 | 國 [国] 나라 국 [口8, 총11획] | 國國國國國國國國國國國 | 영 country 중 国 guó 일 コク(くに) |

| 中4급 | 盡 [尽] 다할 진 [皿9, 총14획] | 盡盡盡盡盡盡盡盡盡盡盡 | 영 exhaust 중 尽 jìn 일 ジン(つまる) |

| 中4II급 | 忠 충성 충 [心4, 총8획] | 忠忠忠忠忠忠忠忠 | 영 loyalty 중 忠 zhōng 일 チュウ(まごころ) |

115 敬信節用 경신절용
조심해서 미덥게 일하며 재물을 아껴 써서

中5급 敬 공경할 경 [攴9, 총13획] — respect 敬 jìng ケイ(うやまう)

中6급 信 믿을 신 [人7, 총9획] — believe·trust 信 xìn シン(まこと)

中5급 節 마디 절 [竹9, 총15획] — joint 节 jié セツ(ふし)

中6급 用 쓸 용 [用0, 총5획] — use 用 yòng ヨウ(もちいる)

116 愛民如子 애민여자
백성을 사랑함은 자식과 같게 하라.

中5급 愛 사랑 애 [心9, 총13획] — love 爱 ài アイ(いとしい)

中8급 民 백성 민 [氏1, 총5획] — people 民 mín ミン(たみ) 官

中4급 如 같을 여 [女3, 총6획] — same 如 rú ジョ·ニョ(ごとし)

中7급 子 아들 자 [子0, 총3획] — son 子 zǐ シ·ス(こ) 態

117 人倫之中 인륜지중   인륜의 가운데에

人 사람 인 [人0, 총2획] — 영 person 중 人 rén 일 ジン・ニン(ひと)

倫 인륜 륜 [人8, 총10획] — 영 morals 중 伦 lùn 일 リン(みち・たぐい)

之 갈 지 [ノ3, 총4획] — 영 go 중 之 zhī 일 シ(ゆく・これ)

中 가운데 중 [丨3, 총4획] — 영 middle 중 中 zhōng 일 チユウ(なか)

118 忠孝爲本 충효위본   충과 효가 근본이 되니

忠 충성 충 [心4, 총8획] — 영 loyalty 중 忠 zhōng 일 チユウ(まごころ)

孝 효도 효 [子4, 총7획] — 영 filial piety 중 孝 xiào 일 コウ(まこと)

爲 (為) 할 위 [爪8, 총12획] — 영 do 중 为 wèi 일 イ(なす・ため)

本 근본 본 [木1, 총5획] — 영 origin 중 本 běn 일 ホン(もと) 반 末 동 根

119 孝當竭力 효당갈력 효도는 마땅히 힘을 다해야 하고

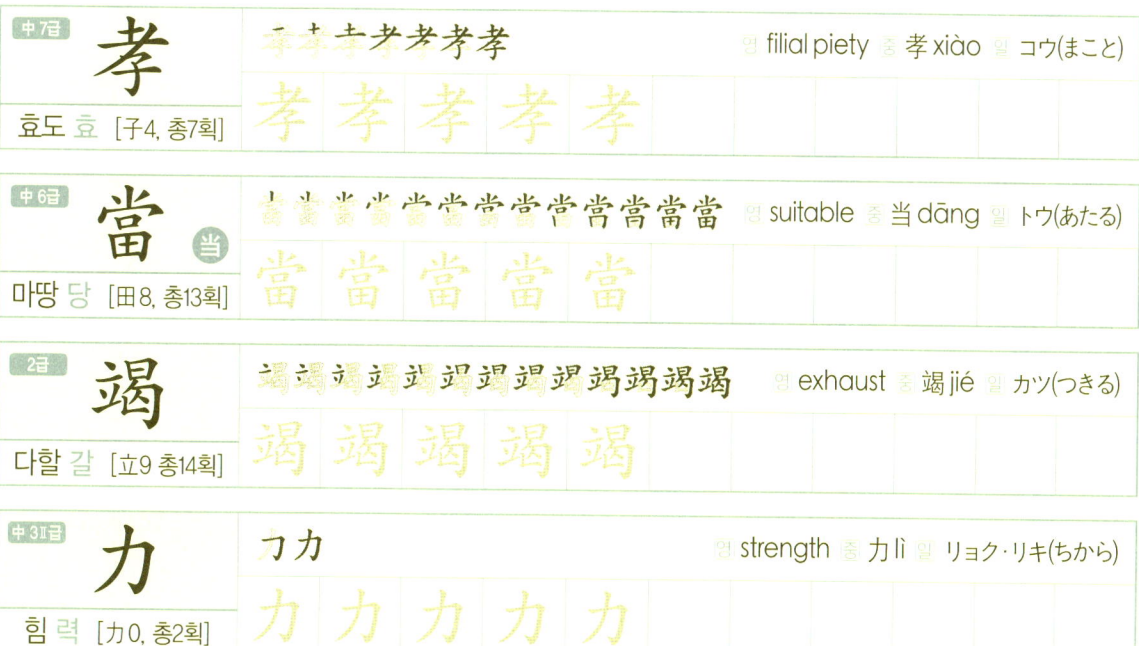

120 忠則盡命 충즉진명 충성은 목숨을 다해야 한다.

3단계 사자소학
四字小學 쓰기교본

Part I

3단계 사자소학 四字小學 쓰기교본

Part II

2단계

부부/형제
(夫婦/兄弟)

● 사자소학 ●
(121-286)

121 夫婦之倫 부부지륜 부부의 인륜은

급수	한자	쓰기	뜻풀이
中7급	夫 지아비 부 [大1, 총4획]	夫夫夫夫	영 husband 중 夫 fū 일 フ·フウ(おっと) 반 婦
中4Ⅱ급	婦 아내 부 [女8, 총11획]	婦婦婦婦婦婦婦婦婦婦	영 wife 중 妇 fù 일 フ(おんな) 반 夫
中3Ⅱ급	之 갈 지 [丿3, 총4획]	之之之之	영 go 중 之 zhī 일 シ(ゆく·これ)
中3Ⅱ급	倫 인륜 륜 [人8, 총10획]	倫倫倫倫倫倫倫倫倫倫	영 morals 중 伦 lùn 일 リン(みち·たぐい)

122 二姓之合 이성지합 두 성씨가 합한 것이니

급수	한자	쓰기	뜻풀이
中8급	二 두 이 [二0, 총2획]	二二	영 two 중 二 èr 일 ニ(ふたつ)
中7급	姓 성 성 [女5, 총8획]	姓姓姓姓姓姓姓姓	영 family name 중 姓 xìng 일 セイ(みょうじ)
中3Ⅱ급	之 갈 지 [丿3, 총4획]	之之之之	영 go 중 之 zhī 일 シ(ゆく·これ)
中6급	合 합할 합 [口3, 총6획]	合合合合合合	영 unite 중 合 hé 일 ゴウ(あう) 반 離

123 内外有別 내외유별 남편과 아내는 분별이 있어서

| 中7급 内 안 내 [入2, 총4획] | 内 冂 内 内 | inside 内 nèi ナイ·ダイ(うち) 반 外 |

| 中8급 外 바깥 외 [夕2, 총5획] | ノ ク タ 外 外 | outside 外 wài ガイ·ゲ(そと) 반 内 |

| 中7급 有 있을 유 [月2, 총6획] | ノ ナ オ 有 有 有 | exist 有 yǒu ユウ(ある) 반 無 |

| 中6급 別 나눌 별 [刀5, 총7획] | 別 別 別 吊 另 別 別 | divide 別 béi ベツ(わかれる) 選 |

124 相敬如賓 상경여빈 서로 공경하기를 손님처럼 하라.

| 中5급 相 서로 상 [目4, 총9획] | 十 十 才 木 相 相 相 相 | mutually 相 xiàng ショウ(あい) |

| 中5급 敬 공경할 경 [攴9, 총13획] | 敬 敬 敬 艹 芍 芍 苟 苟 苟 敬 敬 敬 | respect 敬 jìng ケイ(うやまう) |

| 中4급 如 같을 여 [女3, 총6획] | く 女 女 如 如 如 | same 如 rú ジョ·ニョ(ごとし) |

| 高3급 賓 손님 빈 [貝7, 총14획] | 賓 賓 賓 賓 賓 賓 賓 賓 賓 賓 賓 | guest 賓 bīn ヒン(まらうど) |

2단계 부부/형제(夫婦/兄弟) | 77

125 夫道和義 부도화의 남편의 도리는 온화하고 의로운 것이요

夫 지아비 부 [大1, 총4획] — 中7급
夫夫夫夫
영 husband 중 夫 fū 일 フ・フウ (おっと) 반 婦

道 길 도 [辵9, 총13획] — 中7급
道道道道道道道道道道道道道
영 road 중 道 dào 일 ドウ(みち) 동 路

和 화할 화 [口5, 총8획] — 中6급
和和和和和和和和
영 mild 중 和 hé 일 ワ(あえる) 동 調, 協

義 옳을 의 [羊7, 총13획] — 中4Ⅱ급
義義義義義義義義義義義義義
영 righteous 중 义 yì 일 ギ(よし)

126 婦德柔順 부덕유순 부인의 덕은 유순한 것이니라.

婦 아내 부 [女8, 총11획] — 中4Ⅱ급
婦婦婦婦婦婦婦婦婦婦
영 wife 중 妇 fù 일 フ(おんな) 반 夫

德 덕 덕 [彳12, 총15획] — 中5급
德德德德德德德德德德
영 virtue 중 德 dé 일 トク

柔 부드러울 유 [木5, 총9획] — 中3Ⅱ급
柔柔柔柔柔柔柔柔柔
영 soft 중 柔 róu 일 ジュウ(やわらか)

順 순할 순 [頁3, 총12획] — 中5급
順順順順順順順順順順順
영 docile 중 順 shùn 일 ジュン(したがう) 반 逆

127 夫唱婦隨 부창부수
남편이 먼저 노래하고 부인이 이에 따르면

中7급 夫 지아비 부 [大1, 총4획]
一二夫夫
영 husband | 중 夫 fū | 일 フ·フウ(おっと) | 반 婦

中5급 唱 노래 창 [口8, 총11획]
영 sing | 중 唱 chàng | 일 ショウ(となえる)

中4Ⅱ급 婦 아내 부 [女8, 총11획]
영 wife | 중 妇 fù | 일 フ(おんな) | 반 夫

高3Ⅱ급 隨 따를 수 [阜13, 총16획]
영 follow | 중 随 suí | 일 ズイ(したがう)

128 家道成矣 가도성의
집안의 도리가 이루어질 것이다.

中7급 家 집 가 [宀7, 총10획]
영 house | 중 家 jiā | 일 カ·ケ(いえ) | 동 宅, 屋

中7급 道 길 도 [辵9, 총13획]
영 road | 중 道 dào | 일 ドウ(みち) | 동 路

中6급 成 이룰 성 [戈3, 총7획]
영 accomplish | 중 成 chéng | 일 セイ(なる)

中3급 矣 어조사 의 [矢2, 총7획]
영 particle | 중 矣 yǐ | 일 イ(じとじ)

129 兄弟姉妹 형제자매 형제와 자매는

兄 맏 형 [儿3, 총5획] — 中8급
兄兄兄兄兄
영 elder 중 兄 xiōng 일 ケイ・キョウ(あに) 반 弟

弟 아우 제 [弓4, 총7획] — 中8급
弟弟弟弟弟弟弟
영 younger brother 중 弟 dì 일 テイ(おとうと)

姉 손윗누이 자 [女5, 총8획] — 中4급
姉姉姉姉姉姉姉姉
영 elder sister 중 姉 zǐ 일 シ(あね) 반 妹

妹 누이 매 [女5, 총8획] — 中4급
妹妹妹妹妹妹妹妹
영 younger sister 중 妹 mèi 일 マイ(いもうと)

130 同氣而生 동기이생 한 기운을 받고 태어났으니

同 한가지 동 [口3, 총6획] — 中7급
同同同同同同
영 same 중 同 tóng 일 トウ(おなじ) 반 異

氣 (気) 기운 기 [气6, 총10획] — 中7급
氣氣氣氣氣氣氣氣氣氣
영 air 중 气 qì 일 キ

而 말이을 이 [而0, 총6획] — 中3급
而而而而而而
영 and 중 而 ér 일 ジ(しかして)

生 날 생 [生0, 총5획] — 中8급
生生生生生
영 born 중 生 shēng 일 セイ(なま) 반 死

131 兄友弟恭 형우제공
형은 우애하고
아우는 공손히 하여

兄 [中8급]
맏 형 [儿3, 총5획]
兄兄兄兄兄
elder　兄 xiōng　ケイ·キョウ(あに)　弟

友 [中5급]
우애 우 [又2, 총4획]
一ナ方友
friend　友 yǒu　コウ(とも)

弟 [中8급]
아우 제 [弓4, 총7획]
弟弟弟弟弟弟弟
younger brother　弟 dì　テイ(おとうと)

恭 [中3급]
공손할 공 [心6, 총10획]
恭恭恭恭恭恭恭恭恭恭
respectful　恭 gōng　キョウ(うやうやしい)

132 不敢怨怒 불감원노
감히 원망하거나 성내지
말아야 한다.

不 [中7급]
아닐 불 [一3, 총4획]
不不不不
not　不 bù　フ·ブ

敢 [中4급]
감히 감 [攴8, 총12획]
敢敢敢敢敢敢敢敢敢敢敢敢
dare　敢 gǎn　カン(あえて)

怨 [中4급]
원망할 원 [心5, 총9획]
怨怨怨怨怨怨怨怨怨
grudge　怨 yuàn　エン(うらむ)　恩

怒 [中4II급]
성낼 노 [心5, 총9획]
怒怒怒怒怒怒怒怒怒
angry　怒 nù　ド(いかる)　喜

133 兄生我前 형생아전　형은 내 앞에 낳았고

| 中8급 | 兄 | 兄兄兄兄兄 | 영 elder 중 兄 xiōng 일 ケイ·キョウ(あに) 반 弟 |
| 맏 형 [儿3, 총5획] | | 兄 兄 兄 兄 兄 | |

| 中8급 | 生 | 生生生生生 | 영 born 중 生 shēng 일 セイ(なま) 반 死 |
| 날 생 [生0, 총5획] | | 生 生 生 生 生 | |

| 中3Ⅱ급 | 我 | 我我我我我我我 | 영 I·we 중 我 wǒ 일 ガ(わ·われ) |
| 나 아 [戈3, 총7획] | | 我 我 我 我 我 | |

| 中7급 | 前 | 前前前前前前前前前 | 영 front 중 前 qián 일 ゼン(まえ) 반 後 |
| 앞 전 [刀7, 총9획] | | 前 前 前 前 前 | |

134 弟生我後 제생아후　아우는 내 뒤에 낳았다.

| 中8급 | 弟 | 弟弟弟弟弟弟弟 | 영 younger brother 중 弟 dì 일 テイ(おとうと) |
| 아우 제 [弓4, 총7획] | | 弟 弟 弟 弟 弟 | |

| 中8급 | 生 | 生生生生生 | 영 born 중 生 shēng 일 セイ(なま) 반 死 |
| 날 생 [生0, 총5획] | | 生 生 生 生 生 | |

| 中3Ⅱ급 | 我 | 我我我我我我我 | 영 I·we 중 我 wǒ 일 ガ(わ·われ) |
| 나 아 [戈3, 총7획] | | 我 我 我 我 我 | |

| 中7급 | 後 | 後後後後後後後後後 | 영 back 중 后 hòu 일 コウ(あと) 반 前, 先 |
| 뒤 후 [彳6, 총9획] | | 後 後 後 後 後 | |

135 骨肉雖分 골육수분 뼈와 살은 비록 나누어졌으나

骨 뼈 골 [骨0, 총10획] — bone 骨 gǔ コツ(ほね)

肉 고기 육 [肉0, 총6획] — meat 肉 ròu ニク(しし) 身

雖 비록 수 [隹9, 총17획] — even if 虽 suī スイ(いえども)

分 나눌 분 [刀2, 총4획] — divide 分 fēn フン・ブン(わける)

136 本生一氣 본생일기 본래 한 기운에서 태어났으며,

本 근본 본 [木1, 총5획] — origin 本 běn ホン(もと) 末 根

生 날 생 [生0, 총5획] — born 生 shēng セイ(なま) 死

一 한 일 [一0, 총1획] — one 一 yī イチ(ひと)

氣 기운 기 [气6, 총10획] (気) — air 气 qì キ

2단계 부부/형제(夫婦/兄弟)

137 形體雖異 형체수이 — 형체는 비록 다르나

※ 異→各(각각 각)으로도 씀

形 모양 형 [彡4, 총7획] — 中6급
영 shape 중 形 xiàn 일 ケイ(かたち)

體 (体) 몸 체 [骨13, 총23획] — 中6급
영 body 중 体 tǐ 일 タイ(からだ) 동 身

雖 비록 수 [隹9, 총17획] — 中3급
영 even if 중 虽 suī 일 スイ(いえども)

異 다를 이 [田6, 총11획] — 中4급
영 different 중 异 yì 일 イ(にとなる) 반 同

138 素受一血 소수일혈 — 본래 한 핏줄을 받았느니라.

素 바탕 소 [糸4, 총10획] — 中4Ⅱ급
영 white 중 素 sù 일 ソ(しろい) 동 朴

受 받을 수 [又6, 총8획] — 中4Ⅱ급
영 receive 중 受 shòu 일 ジュ(うける) 반 授

一 한 일 [一0, 총1획] — 中8급
영 one 중 一 yī 일 イチ(ひと)

血 피 혈 [血0, 총6획] — 中4Ⅱ급
영 blood 중 血 xuě 일 ケツ(ち)

139 比之於木 비지어목　나무에 비유하면

中5급	比 견줄 비 [比0, 총4획]	比比比比 / 比比比比比	영 compare　중 比 bǐ　일 ヒ(くらべる)
中3급	之 갈 지 [丿3, 총4획]	之之之之 / 之之之之之	영 go　중 之 zhī　일 シ(ゆく・これ)
中3급	於 어조사 어 [方4, 총8획]	於於於於於於於於 / 於於於於於	영 particle　중 於 yú　일 オ(おいて)
中8급	木 나무 목 [木0, 총4획]	木木木木 / 木木木木木	영 tree　중 木 mù　일 ボク(き)　동 樹

140 同根異枝 동근이지　뿌리는 같고 가지는 다른 것과 같고,

中7급	同 한가지 동 [口3, 총6획]	同同同同同同 / 同同同同同	영 same　중 同 tóng　일 トウ(おなじ)　반 異
中6급	根 뿌리 근 [木6, 총10획]	根根根根根根根根根根 / 根根根根根	영 root　중 根 gēn　일 コン(ね)　동 本
中4급	異 다를 이 [田6, 총11획]	異異異異異異異異異異異 / 異異異異異	영 different　중 異 yì　일 イ(ことなる)　반 同
中3급	枝 가지 지 [木4, 총8획]	枝枝枝枝枝枝枝枝 / 枝枝枝枝枝	영 branch　중 枝 zhī　일 シ(えだ)

2단계 부부/형제(夫婦/兄弟)

141 比之於水 비지어수 물에 비유하면

| 中5급 | 比 견줄 비 [比0, 총4획] | 比比比比 | 영 compare 중 比 bǐ 일 ヒ(くらべる) |

| 中3Ⅱ급 | 之 갈 지 [ノ3, 총4획] | 之之之之 | 영 go 중 之 zhī 일 シ(ゆく·これ) |

| 中3급 | 於 어조사 어 [方4, 총8획] | 於於於於於於於於 | 영 particle 중 於 yú 일 オ(おいて) |

| 中8급 | 水 물 수 [水0, 총4획] | 水水水水 | 영 water 중 水 shuǐ 일 スイ(みず) 반 火 |

142 同源異流 동원이류 근원은 같고 흐름은 다른 것과 같다.

| 中7급 | 同 한가지 동 [口3, 총6획] | 同同同同同同 | 영 same 중 同 tóng 일 トウ(おなじ) 반 異 |

| 高4급 | 源 근원 원 [水10, 총13획] | 源源源源源源源源源源源源源 | 영 source 중 源 yuán 일 ゲン(みなもと) |

| 中4급 | 異 다를 이 [田6, 총11획] | 異異異異異異異異異異異 | 영 different 중 异 yì 일 イ(ことなる) 반 同 |

| 中5급 | 流 흐를 류 [水7, 총10획] | 流流流流流流流流流流 | 영 stream 중 流 liú 일 リュウ·ル(ながす) |

143 爲兄爲弟 위형위제 형되고 아우된 자가

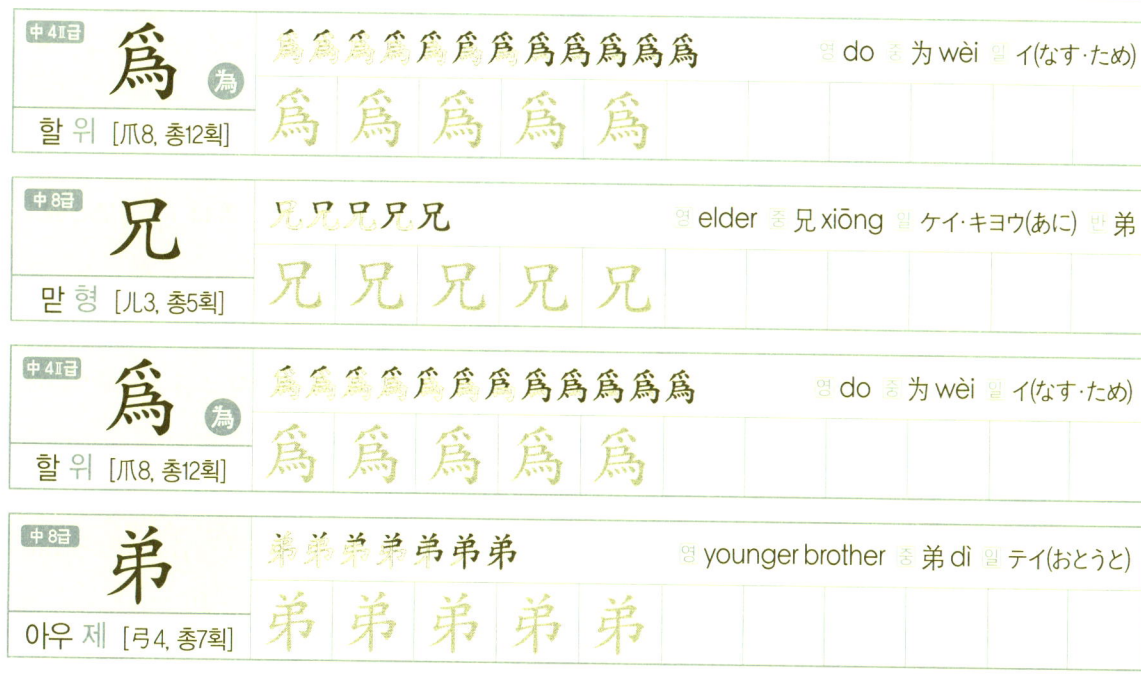

144 何忍不和 하인불화 어찌 차마 불화하리오.

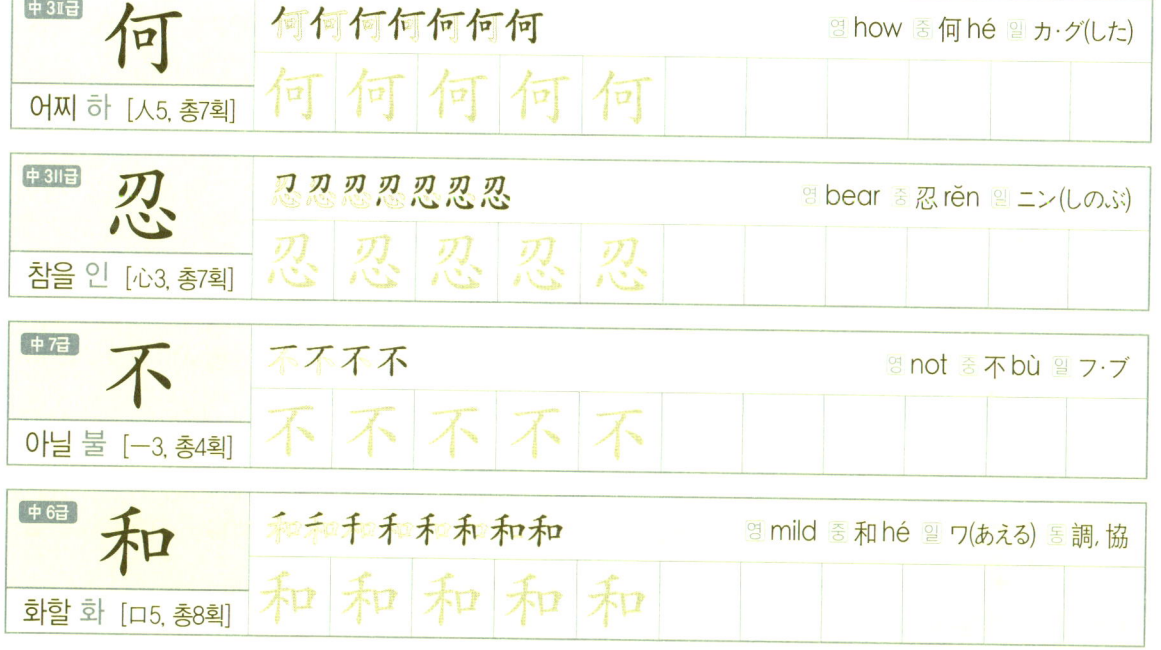

145 兄弟怡怡 형제이이 　형제는 서로 화합하여

中8급	兄	兄兄兄兄兄	영 elder　중 兄 xiōng　일 ケイ・キョウ(あに)　반 弟
맏 형 [儿3, 총5획]		兄　兄　兄　兄　兄	

中8급	弟	弟弟弟弟弟弟弟	영 younger brother　중 弟 dì　일 テイ(おとうと)
아우 제 [弓4, 총7획]		弟　弟　弟　弟　弟	

2급	怡	怡怡怡怡怡怡怡怡	영 be pleased　중 yí　일 イ(よろこぶ)
기쁠 이 [心5, 총8획]		怡　怡　怡　怡　怡	

2급	怡	怡怡怡怡怡怡怡怡	영 be pleased　중 yí　일 イ(よろこぶ)
기쁠 이 [心5, 총8획]		怡　怡　怡　怡　怡	

146 行則雁行 행즉안행 　길을 갈 때는 기러기 떼처럼 나란히 가라.

中6급	行	行行行行行行	영 go·walk　중 行 xíng　일 コウ(いく)　반 言
다닐 행 [行0, 총6획]		行　行　行　行　行	

中3급	則	則則則則則則則則則	영 at once　중 则 zé　일 ソク(のり)
곧 즉 [刀7, 총9획]		則　則　則　則　則	

高3급	雁	雁雁雁雁雁雁雁雁雁雁	영 wild goose　중 雁 yàn　일 ガン(かり)
기러기 안 [隹4, 총12획]		雁　雁　雁　雁　雁	

中6급	行	行行行行行行	영 go·walk　중 行 xíng　일 コウ(いく)　반 言
다닐 행 [行0, 총6획]		行　行　行　行　行	

147 寢則連衾 침즉연금
잠잘 때에는 이불을 나란히 덮고

寢 (高4급) 잠잘 침 [宀11, 총14획]
sleep · 寝 qǐn · シン(ねる) · 起

則 (中3급) 곧 즉 [刀7, 총9획]
at once · 则 zé · ソク(のり)

連 (中4급) 이을 연 [辵7, 총11획]
connect · 连 lián · レン(つらなる) · 絡

衾 (1급) 이불 금 [衣4, 총10획]
coverlet · 衾 qīn · キン(ふすま)

148 食則同牀 식즉동상
밥 먹을 때에는 밥상을 함께 하라.

食 (中7급) 밥 식 [食0, 총9획]
eat · meal · 食 shí · ショク(たべる)

則 (中3급) 곧 즉 [刀7, 총9획]
at once · 则 zé · ソク(のり)

同 (中7급) 한가지 동 [口3, 총6획]
same · 同 tóng · トウ(おなじ) · 異

牀 (1급) 평상 상 [爿4, 총8획]
couch, floor · 牀 chuáng · ショウ(ゆか)

2단계 부부/형제(夫婦/兄弟) | 89

149 分母求多 분무구다 — 나눌 때에 많기를 구하지 (원하지) 말며

分 나눌 분 [刀2, 총4획] — 中6급 — divide / 分 fēn / フン·ブン(わける)

母 말 무 [母0, 총4획] — 1급 — no / 毋 wú / ブ(なかれ)

求 구할 구 [水2, 총7획] — 中4Ⅱ급 — obtain · get / 求 qiú / キユウ(もとめる)

多 많을 다 [夕3, 총6획] — 中6급 — many / 多 duō / タ(おおい) / 반 少

150 有無相通 유무상통 — 있고 없는 것을 서로 가리지 말라.

有 있을 유 [月2, 총6획] — 中7급 — exist / 有 yǒu / ユウ(ある) / 반 無

無 없을 무 [火8, 총12획] — 中5급 — nothing / 无 wú / ム·ブ(ない) / 반 有

相 서로 상 [目4, 총9획] — 中5급 — mutually / 相 xiàng / ショウ(あい)

通 통할 통 [辶7, 총11획] — 中6급 — go through / 通 tōng / ツ(とおす)

151 私其衣食 사기의식　형제간에 그 의복과 음식을 내것 네것 가리면

中 4급	私	私千千禾禾私私	영 private 중 私 sī 일 シ(わたくし) 반 公
개인 사 [禾2, 총7획]		私 私 私 私 私	

中 3Ⅱ급	其	其其其其其其其其	영 it 중 其 qí 일 キ(その)
그 기 [八6, 총8획]		其 其 其 其 其	

中 6급	衣	衣衣衣衣衣衣	영 clothing 중 衣 yī 일 イ(ころも) 동 服
옷 의 [衣0, 총6획]		衣 衣 衣 衣 衣	

中 7급	食	人今今今今食食食食	영 eat·meal 중 食 shí 일 ショク(たべる)
밥 식 [食0, 총9획]		食 食 食 食 食	

152 禽獸夷狄 금수이적　금수나 오랑캐와 같다.

高 3Ⅱ급	禽	禽禽禽禽禽禽禽禽禽禽禽禽	영 birds 중 禽 qín 일 キン(とり)
날짐승 금 [内8, 총13획]		禽 禽 禽 禽 禽	

高 3Ⅱ급	獸 (獣)	獸獸獸獸獸獸獸獸獸獸獸獸	영 beast 중 兽 shòu 일 ジユウ(けもの)
짐승 수 [犬15, 총19획]		獸 獸 獸 獸 獸	

高 3급	夷	夷夷夷夷夷夷	영 barbarian 중 夷 yí 일 イ(えびす)
오랑캐 이 [大3, 총6획]		夷 夷 夷 夷 夷	

1급	狄	狄狄狄狄狄狄狄	영 northen barbarians 중 dí 일 テキ(えびす)
오랑캐 적 [犬4, 총7획]		狄 狄 狄 狄 狄	

153 兄無衣服 형무의복 형이 의복이 없거든

中8급 兄 맏 형 [儿3, 총5획]
兄兄兄兄兄
영 elder 중 兄 xiōng 일 ケイ·キョウ(あに) 반 弟

中5급 無 없을 무 [火8, 총12획]
無無無無無無無無無無無
영 nothing 중 无 wú 일 ム·ブ(ない) 반 有

中6급 衣 옷 의 [衣0, 총6획]
衣衣衣衣衣衣
영 clothing 중 衣 yī 일 イ(ころも) 동 服

中6급 服 옷 복 [月4, 총8획]
服服服服服服服
영 clothes 중 服 fú 일 フク(きもの) 동 衣

154 弟必獻之 제필헌지 아우가 반드시 드리고,

中8급 弟 아우 제 [弓4, 총7획]
弟弟弟弟弟弟弟
영 younger brother 중 弟 dì 일 テイ(おとうと)

中5급 必 반드시 필 [心1, 총5획]
必必必必必
영 surely 중 必 bì 일 キ·ゴ(あう·ちぎる)

高3Ⅱ급 獻 (献) 바칠 헌 [犬16, 총20획]
獻獻獻獻獻獻獻獻獻獻獻
영 dedicate 중 献 xiàn 일 ケン(たてまつる)

中3Ⅱ급 之 갈 지 [丿3, 총4획]
之之之之
영 go 중 之 zhī 일 シ(ゆく·これ)

155 弟無飮食 제무음식 　아우가 음식이 없거든

弟 아우 제 [弓4, 총7획] — younger brother　弟 dì　テイ(おとうと)

無 없을 무 [火8, 총12획] — nothing　无 wú　ム・ブ(ない)　↔ 有

飮 마실 음 [食4, 총13획] — drink　饮 yǐn　イン(のむ)

食 밥 식 [食0, 총9획] — eat·meal　食 shí　ショク(たべる)

156 兄必與之 형필여지 　형이 반드시 주어라.

兄 맏 형 [儿3, 총5획] — elder　兄 xiōng　ケイ・キョウ(あに)　↔ 弟

必 반드시 필 [心1, 총5획] — surely　必 bì　ヒツ・ゴ(あう・ちぎる)

與(与) 줄 여 [臼7, 총14획] — give　与 yǔ　ヨ(あたえる)　↔ 奪・參

之 갈 지 [丿3, 총4획] — go　之 zhī　シ(ゆく・これ)

157 一杯之水 일배지수　한 잔의 물이라도

一 한 일 [一0, 총1획]　영 one　중 一 yī　일 イチ(ひと)

杯 잔 배 [木4, 총8획]　영 cup　중 杯 bēi　일 ハイ(さかずき)

之 갈 지 [丿3, 총4획]　영 go　중 之 zhī　일 シ(ゆく・これ)

水 물 수 [水0, 총4획]　영 water　중 水 shuǐ　일 スイ(みず)　반 火

158 必分而飮 필분이음　반드시 나누어 마시고

必 반드시 필 [心1, 총5획]　영 surely　중 必 bì　일 ヒツ・ゴ(あう・ちぎる)

分 나눌 분 [刀2, 총4획]　영 divide　중 分 fēn　일 フン・ブン(わける)

而 말이을 이 [而0, 총6획]　영 and　중 而 ér　일 ジ(しかして)

飮 마실 음 [食4, 총13획]　영 drink　중 饮 yǐn　일 イン(のむ)

159 一粒之食 일립지식 한 알의 음식이라도

160 必分而食 필분이식 반드시 나누어 먹어라.

161 兄雖責我 형수책아 형이 비록 나를 꾸짖더라도

| 中8급 兄
맏 형 [儿3, 총5획] | 兄兄兄兄兄 | 영 elder 중 兄 xiōng 일 ケイ·キョウ(あに) 반 弟 |

| 中3급 雖
비록 수 [隹9, 총17획] | 雖雖雖雖雖雖雖雖雖雖雖 | 영 even if 중 虽 suī 일 スイ(いえども) |

| 中5급 責
꾸짖을 책 [貝4, 총11획] | 責責責責責責責責責責 | 영 scold 중 责 zé 일 セキ(せめる) |

| 中3II급 我
나 아 [戈3, 총7획] | 我我我我我我我 | 영 I·we 중 我 wǒ 일 ガ(わ·われ) |

162 莫敢抗怒 막감항노 감히 대들거나 성내지 말고

※ 不敢怨怒(불감원노)하고 : 감히 원망하고 성내지 말며

| 中3II급 莫
없을 막 [艸7, 총11획] | 莫莫莫莫莫莫莫莫莫莫 | 영 not evening 중 莫 mò 일 バク(ない) |

| 中4급 敢
감히 감 [攴8, 총12획] | 敢敢敢敢敢敢敢敢敢敢 | 영 dare 중 敢 gǎn 일 カン(あえて) |

| 高4급 抗
막을 항 [手4, 총7획] | 抗抗抗抗抗抗 | 영 resist 중 抗 kàng 일 コウ(てむかう) |

| 中4II급 怒
성낼 노 [心5, 총9획] | 怒怒怒怒怒怒怒怒 | 영 angry 중 怒 nù 일 ド(いかる) 반 喜 |

163 弟雖有過 제수유과 아우가 비록 잘못이 있더라도

급수	한자	필순	뜻	중국어	일본어
中8급	弟 아우 제 [弓4, 총7획]	弟弟弟弟弟弟弟	younger brother	弟 dì	テイ(おとうと)
中3급	雖 비록 수 [隹9, 총17획]	雖雖雖雖雖雖雖雖雖雖雖雖	even if	虽 suī	スイ(いえども)
中7급	有 있을 유 [月2, 총6획]	有有有有有有	exist	有 yǒu	ユウ(ある) 無
中5급	過 허물 과 [辶9, 총13획]	過過過過過過過過過過過過	excess	过 guò	カ(すぎる) 功 誤

164 須勿聲責 수물성책 모름지기 큰소리로 꾸짖지 말라.

급수	한자	필순	뜻	중국어	일본어
中3급	須 모름지기 수 [頁3, 총12획]	須須須須須須須須須須須須	should	须 xū	シユ(すべからく)
中3Ⅱ급	勿 말 물 [勹2, 총4획]	勿勿勿勿	don't	勿 wù	モツ・モチ(なかれ)
中4Ⅱ급	聲 (声) 소리 성 [耳11, 총17획]	聲聲聲聲聲聲聲聲聲聲聲	voice	声 shēng	セイ(こえ) 音
中5급	責 꾸짖을 책 [貝4, 총11획]	責責責責責責責責責責	scold	责 zé	セキ(せめる)

165 兄弟有善 형제유선 형제간에 잘한 일이 있으면

兄 맏 형 [儿3, 총5획] — 中8급
- elder / 兄 xiōng / ケイ・キョウ(あに) / 반 弟

弟 아우 제 [弓4, 총7획] — 中8급
- younger brother / 弟 dì / テイ(おとうと)

有 있을 유 [月2, 총6획] — 中7급
- exist / 有 yǒu / ユウ(ある) / 반 無

善 착할 선 [口9, 총12획] — 中5급
- good / 善 shàn / ゼン(よい) / 반 惡

166 必譽于外 필예우외 반드시 밖에서 칭찬하고,

必 반드시 필 [心1, 총5획] — 中5급
- surely / 必 bì / キ・ゴ(あう・ちぎる)

譽 기릴 예 [言14, 총21획] — 高3Ⅱ급 (誉)
- fame / 譽 yù / ヨ(ほまれ)

于 어조사 우 [二1, 총3획] — 中3급
- particle / 于 yú / ウ

外 바깥 외 [夕2, 총5획] — 中8급
- outside / 外 wài / ガイ・ゲ(そと) / 반 内

167 兄弟有失 형제유실 — 형제간에 잘못이 있으면

※ 兄弟有惡(형제유악)이어든 : 형제가 악함이 있거든

兄 맏 형 [儿3, 총5획] — 中8급
elder | 中 兄 xiōng | 日 ケイ·キョウ(あに) | 반 弟

弟 아우 제 [弓4, 총7획] — 中8급
younger brother | 中 弟 dì | 日 テイ(おとうと)

有 있을 유 [月2, 총6획] — 中7급
exist | 中 有 yǒu | 日 ユウ(ある) | 반 無

失 잃을 실 [大2, 총5획] — 中6급
lose | 中 失 shī | 日 シツ(うしなう) | 반 得 | 동 過

168 隱而勿揚 은이물양 — 숨겨 주고 드러내지 말라.

※ 隱而勿現(은이물현)하라 : 숨기고 나타내지 말라.

隱 숨길 은 [阜14, 총17획] — 高4급
hide | 中 隐 yǐn | 日 イン(かくれる)

而 말이을 이 [而0, 총6획] — 中3급
and | 中 而 ér | 日 ジ(しかして)

勿 말 물 [勹2, 총4획] — 中3Ⅱ급
don't | 中 勿 wù | 日 モツ·モチ(なかれ)

揚 오를 양 [手9, 총12획] — 中3Ⅱ급
raise | 中 扬 yáng | 日 ヨウ(あがる)

2단계 부부/형제(夫婦/兄弟) | 99

169 兄弟有難 형제유난 — 형제간에 어려운 일이 있으면
※ 難→病(병들 병)으로 쓰기도 함

兄 [中8급] 맏 형 [儿3, 총5획] — elder / 兄 xiōng / ケイ・キョウ(あに) / 反 弟

弟 [中8급] 아우 제 [弓4, 총7획] — younger brother / 弟 dì / テイ(おとうと)

有 [中7급] 있을 유 [月2, 총6획] — exist / 有 yǒu / ユウ(ある) / 反 無

難 [中4Ⅱ급] 어려울 난 [隹11, 총19획] — difficult / 难 nán / ナン(むずかしい) / 反 易

170 悶而思救 민이사구 — 근심하고 구해 주기를 생각하라.

悶 [2급] 번민할 민 [心8, 총12획] — agonize / 闷 mēn, mèn / モン(もだえる)

而 [中3급] 말이을 이 [而0, 총6획] — and / 而 ér / ジ(しかして)

思 [中5급] 생각할 사 [心5, 총9획] — think / 思 sī / シ(おもう) / 意, 考, 慮, 想

救 [中5급] 구원할 구 [攴7, 총11획] — relieve / 救 jiù / キュウ(すくう) / 反 濟

171 我打我弟 아타아제 내가 내 아우를 때리면

中 3Ⅱ급 我 / 나 아 [戈3, 총7획] — 我⼀⼆千手我我我 — 訓 I·we 中 我 wǒ 日 ガ(わ·われ)

中 5급 打 / 칠 타 [手2, 총5획] — 一ナ才打打 — 訓 strike 中 打 dǎ 日 ダ(うつ) 擊

中 3Ⅱ급 我 / 나 아 [戈3, 총7획] — 我⼀⼆千手我我我 — 訓 I·we 中 我 wǒ 日 ガ(わ·われ)

中 8급 弟 / 아우 제 [弓4, 총7획] — 弟弟弟弟弟弟弟 — 訓 younger brother 中 弟 dì 日 テイ(おとうと)

172 猶打父母 유타부모 부모님을 때림과 같을 것이요.

中 3Ⅱ급 猶 / 같을 유 [犬9, 총12획] — 猶猶猶猶猶猶猶猶猶猶猶猶 — 訓 same 中 犹 yóu 日 ユウ(なお)

中 5급 打 / 칠 타 [手2, 총5획] — 一ナ才打打 — 訓 strike 中 打 dǎ 日 ダ(うつ) 擊

中 8급 父 / 아비 부 [父0, 총4획] — 父父父父 — 訓 father 中 父 fù 日 フ(ちち)

中 8급 母 / 어미 모 [毋1, 총5획] — 母母母母母 — 訓 mother 中 母 mǔ 日 ボ(はは)

173 我欺兄弟 아기형제   내가 형제를 속이면

我 나 아 [戈3, 총7획] — 中3Ⅱ급
我我我我我我我
我 我 我 我 我
영 I·we 중 我 wǒ 일 ガ(わ·われ)

欺 속일 기 [欠8, 총12획] — 高3급
欺欺欺欺欺其其欺欺欺欺
欺 欺 欺 欺 欺
영 cheat 중 欺 qī 일 ギ(あざむく)

兄 맏 형 [儿3, 총5획] — 中8급
兄兄兄兄兄
兄 兄 兄 兄 兄
영 elder 중 兄 xiōng 일 ケイ·キョウ(あに) 반 弟

弟 아우 제 [弓4, 총7획] — 中8급
弟弟弟弟弟弟弟
弟 弟 弟 弟 弟
영 younger brother 중 弟 dì 일 テイ(おとうと)

174 如欺父母 여기부모   부모님을 속임과 같을지니라.

如 같을 여 [女3, 총6획] — 中4급
如如如如如如
如 如 如 如 如
영 same 중 如 rú 일 ジョ·ニョ(ごとし)

欺 속일 기 [欠8, 총12획] — 高3급
欺欺欺欺欺其其欺欺欺欺
欺 欺 欺 欺 欺
영 cheat 중 欺 qī 일 ギ(あざむく)

父 아비 부 [父0, 총4획] — 中8급
父父父父
父 父 父 父 父
영 father 중 父 fù 일 フ(ちち)

母 어미 모 [毋1, 총5획] — 中8급
母母母母母
母 母 母 母 母
영 mother 중 母 mǔ 일 ボ(はは)

175 我及兄弟 아급형제 나와 형제는

我 나 아 [戈3, 총7획] — 영 I·we 중 我 wǒ 일 ガ(わ·われ)

及 미칠 급 [又2, 총4획] — 영 reach 중 及 jí 일 キユウ(およぶ) 반 落

兄 맏 형 [儿3, 총5획] — 영 elder 중 兄 xiōng 일 ケイ·キヨウ(あに) 반 弟

弟 아우 제 [弓4, 총7획] — 영 younger brother 중 弟 dì 일 テイ(おとうと)

176 同受親血 동수친혈 같은 어버이 피를 받았으니

同 한가지 동 [口3, 총6획] — 영 same 중 同 tóng 일 トウ(おなじ) 반 異

受 받을 수 [又6, 총8획] — 영 receive 중 受 shòu 일 ジュ(うける) 반 授

親 친할 친 [見9, 총16획] — 영 intimate 중 亲 qīn 일 シン(おや·したしい)

血 피 혈 [血0, 총6획] — 영 blood 중 血 xuè 일 ケツ(ち)

177 兄有過失 형유과실 형에게 과실이 있으면

中8급	兄	兄兄兄兄兄	영 elder 중 兄 xiōng 일 ケイ·キョウ(あに) 반 弟
맏 형 [儿3, 총5획]			

中7급	有	有有有有有	영 exist 중 有 yǒu 일 ユウ(ある) 반 無
있을 유 [月2, 총6획]			

中5급	過	過過過過過過過過過過過	영 excess 중 过 guò 일 カ(すぎる) 반 功 동 誤
허물 과 [辵9, 총13획]			

中6급	失	失失失失失	영 lose 중 失 shī 일 シツ(うしなう) 반 得 동 過
잃을 실 [大2, 총5획]			

178 和氣以諫 화기이간 온화한 기색으로 충고하고

中6급	和	和和和和和和和	영 mild 중 和 hé 일 ワ(あえる) 동 調, 協
화할 화 [口5, 총8획]			

中7급	氣 気	氣氣氣氣氣氣氣氣氣氣	영 air 중 气 qì 일 キ
기운 기 [气6, 총10획]			

中5급	以	以以以以以	영 with·by 중 以 yǐ 일 イ(もって)
써 이 [人3, 총5획]			

2급	諫	諫諫諫諫諫諫諫諫諫諫諫	영 advise 중 谏 jiàn 일 カン(いさめる)
간할 간 [言9, 총16획]			

179 弟有過失 제유과실　동생에게 과실이 있다면

中8급	弟	아우 제 [弓4, 총7획]	younger brother	弟 dì	テイ(おとうと)
中7급	有	있을 유 [月2, 총6획]	exist	有 yǒu	ユウ(ある)	반 無
中5급	過	허물 과 [辶9, 총13획]	excess	过 guò	カ(すぎる)	功 誤
中6급	失	잃을 실 [大2, 총5획]	lose	失 shī	シツ(うしなう)	得 過

180 怡聲以訓 이성이훈　온화한 목소리로 가르쳐라.

2급	怡	기쁠 이 [心5 총8획]	be pleased	yí	イ(よろこぶ)
中4Ⅱ급	聲 (声)	소리 성 [耳11, 총17획]	voice	声 shēng	セイ(こえ)	音
中5급	以	써 이 [人3, 총5획]	with·by	以 yǐ	イ(もって)
中6급	訓	가르칠 훈 [言3, 총10획]	teach	训 xùn	クン(おしえる)	教

181 我出晚來 아출만래　내가 나가 늦게 오면

中 3Ⅱ급	我 나 아 [戈3, 총7획]	我我我我我我我	영 I・we 중 我 wǒ 일 ガ(わ・われ)
中 7급	出 날 출 [凵3, 총5획]	出出出出出	영 come out 중 出 chū 일 シュツ(でる) 반 缺
中 3급	晚 늦을 만 [日7, 총11획]	晚晚晚晚晚晚晚晚晚晚晚	영 late 중 晚 wǎn 일 バン(おくれる)
中 7급	來 来 올 래 [人6, 총8획]	來來來來來來來來	영 come 중 来 lái 일 ライ(きたる)

182 倚門俟之 의문사지　문에 기대어 기다리고

2급	倚 의지할 의 [人8 총10획]	倚倚倚倚倚倚倚	영 depend 중 倚 yǐ 일 イ(よる)
中 8급	門 문 문 [門0, 총8획]	門門門門門門門門	영 door 중 门 mén 일 モン(かど)
1급	俟 기다릴 사 [人7 총9획]	俟俟俟俟俟俟俟	영 wait for 중 俟 sì 일 シ(まつ)
中 3Ⅱ급	之 갈 지 [丿3, 총4획]	之之之之	영 go 중 之 zhī 일 シ(ゆく・これ)

183 弟出不還 제출불환 아우가 나가 돌아오지 않으면

中8급	弟	弟弟弟弟弟弟弟	영 younger brother 중 弟 dì 일 テイ(おとうと)
	아우 제 [弓4, 총7획]		

中7급	出	丨 屮 屮 出 出	영 come out 중 出 chū 일 シュツ(でる) 반 缺
	날 출 [凵3, 총5획]		

中7급	不	一 ア 不 不	영 not 중 不 bù 일 フ·ブ
	아닐 불 [一3, 총4획]		

高3Ⅱ급	還	還還還還還還還還還還還還	영 return 중 还 huán 일 カン(かえる)
	돌아올 환 [辵13, 총17획]		

184 登高望之 등고망지 높은 데 올라 바라볼지니라.

中7급	登	ノ ㇇ ㇅ 癶 癶 登 登 登	영 climb 중 登 dēng 일 ト·トウ(のぼる)
	오를 등 [癶7, 총12획]		

中6급	高	高高高高高高高高高	영 high 중 高 gāo 일 コウ(たかい) 반 低 동 崇
	높을 고 [高0, 총10획]		

中5급	望	望望望望望望望望望望望	영 look 중 望 wàng 일 ボウ(のぞむ)
	바라볼 망 [月7, 총11획]		

中3Ⅱ급	之	之之之之	영 go 중 之 zhī 일 シ(ゆく·これ)
	갈 지 [丿3, 총4획]		

185 兄能如此 형능여차 형이 능히 이와 같이 하면

兄 맏 형 [儿3, 총5획] — elder / 兄 xiōng / ケイ・キョウ(あに) / 弟

能 능할 능 [肉6, 총10획] — able / 能 néng / ノウ(よく)

如 같을 여 [女3, 총6획] — same / 如 rú / ジョ・ニョ(ごとし)

此 이 차 [止2, 총6획] — this / 此 cǐ / シ(これ)

186 弟亦效之 제역효지 아우도 또한 본받으리라.

弟 아우 제 [弓4, 총7획] — younger brother / 弟 dì / テイ(おとうと)

亦 또 역 [亠4, 총6획] — also / 亦 yì / エキ・ヤク(また)

效 본받을 효 [攴6, 총10획] — follow·imitate / 效 xiào / コウ(きく)

之 갈 지 [丿3, 총4획] — go / 之 zhī / シ(ゆく・これ)

187 我有歡樂 아유환락 나에게 기쁨과 즐거움이 있으면

中3Ⅱ급 我 / 나 아 [戈3, 총7획]
我一千于我我我
I·we 我 wǒ ガ(わ·われ)

中7급 有 / 있을 유 [月2, 총6획]
ノナオ有有有
exist 有 yǒu ユウ(ある) 無

中4급 歡(欢) / 기뻐할 환 [欠18, 총22획]
delight 欢 huān カン(よろこぶ) 喜

高6급 樂(乐) / 즐길 락 [木11, 총15획]
pleasure 乐 lè ラク·ガク(たのしい)

188 兄弟亦樂 형제역락 형제들도 즐거워하고,

中8급 兄 / 맏 형 [儿3, 총5획]
兄兄兄兄兄
elder 兄 xiōng ケイ·キョウ(あに) 弟

中8급 弟 / 아우 제 [弓4, 총7획]
younger brother 弟 dì テイ(おとうと)

中3Ⅱ급 亦 / 또 역 [亠4, 총6획]
also 亦 yì エキ·ヤク(また)

高6급 樂(乐) / 즐길 락 [木11, 총15획]
pleasure 乐 lè ラク·ガク(たのしい)

189 我有憂患 아유우환 나에게 근심과 걱정이 있으면

我 나 아 [戈3, 총7획] — 영 I·we 중 我 wǒ 일 ガ(わ·われ)

有 있을 유 [月2, 총6획] — 영 exist 중 有 yǒu 일 ユウ(ある) 반 無

憂 근심 우 [心11, 총15획] — 영 anxiety 중 忧 yōu 일 ユウ(うい)

患 걱정 환 [心7, 총11획] — 영 anxiety 중 患 huàn 일 カン(うれえる)

190 兄弟亦憂 형제역우 형제들도 근심하느니라.

兄 맏 형 [儿3, 총5획] — 영 elder 중 兄 xiōng 일 ケイ·キョウ(あに) 반 弟

弟 아우 제 [弓4, 총7획] — 영 younger brother 중 弟 dì 일 テイ(おとうと)

亦 또 역 [亠4, 총6획] — 영 also 중 亦 yì 일 エキ·ヤク(また)

憂 근심 우 [心11, 총15획] — 영 anxiety 중 忧 yōu 일 ユウ(うい)

191 雖有良朋 수유량붕 비록 어진 벗이 있을지라도

| 中3급 | 雖 비록 수 [隹9, 총17획] | 雖雖雖雖雖雖雖雖雖雖雖雖 | 영 even if 중 虽 suī 일 スイ(いえども) |

| 中7급 | 有 있을 유 [月2, 총6획] | ノナオ有有有 | 영 exist 중 有 yǒu 일 ユウ(ある) 반 無 |

| 中5급 | 良 좋을 량 [艮0, 총7획] | 良良良良良良良 | 영 good 중 良 liáng 일 リョウ(かて) |

| 中3급 | 朋 벗 붕 [月4, 총8획] | 朋朋朋朋朋朋朋朋 | 영 friend 중 朋 péng 일 ホウ(とも) |

192 不及如此 불급여차 이 같음에 미치지 못할지니라.

| 中7급 | 不 아닐 불 [一3, 총4획] | 不ブオ不 | 영 not 중 不 bù 일 フ·ブ |

| 中3Ⅱ급 | 及 미칠 급 [又2, 총4획] | ノ乃及及 | 영 reach 중 及 jí 일 キユウ(およぶ) 반 落 |

| 中4급 | 如 같을 여 [女3, 총6획] | く女女如如如 | 영 same 중 如 rú 일 ジョ·ニョ(ごとし) |

| 中3Ⅱ급 | 此 이 차 [止2, 총6획] | 此此此此此此 | 영 this 중 此 cǐ 일 シ(これ) |

2단계 부부/형제(夫婦/兄弟) | 111

193 敬我兄後 경아형후　내 형을 공경한 뒤에는

中5급 敬　공경할 경 [攵9, 총13획]
영 respect　중 敬 jìng　일 ケイ(うやまう)

中3Ⅱ급 我　나 아 [戈3, 총7획]
영 I·we　중 我 wǒ　일 ガ(わ·われ)

中8급 兄　맏 형 [儿3, 총5획]
영 elder　중 兄 xiōng　일 ケイ·キョウ(あに)　반 弟

中7급 後　뒤 후 [彳6, 총9획]
영 back　중 后 hòu　일 コウ(あと)　반 前, 先

194 敬人之兄 경인지형　다른 사람의 형을 공경하고

※ 人→다른 사람을 뜻함

中5급 敬　공경할 경 [攵9, 총13획]
영 respect　중 敬 jìng　일 ケイ(うやまう)

中8급 人　사람 인 [人0, 총2획]
영 person　중 人 rén　일 ジン·ニン(ひと)

中3Ⅱ급 之　갈 지 [丿3, 총4획]
영 go　중 之 zhī　일 シ(ゆく·これ)

中8급 兄　맏 형 [儿3, 총5획]
영 elder　중 兄 xiōng　일 ケイ·キョウ(あに)　반 弟

195 愛我弟後 애아제후 내 아우를 사랑한 뒤에

愛 사랑 애 [心9, 총13획] — love — 爱 ài — アイ(いとしい)

我 나 아 [戈3, 총7획] — I·we — 我 wǒ — ガ(わ·われ)

弟 아우 제 [弓4, 총7획] — younger brother — 弟 dì — テイ(おとうと)

後 뒤 후 [彳6, 총9획] — back — 后 hòu — コウ(あと) — 前, 先

196 愛人之弟 애인지제 다른 사람의 아우를 사랑하라.

愛 사랑 애 [心9, 총13획] — love — 爱 ài — アイ(いとしい)

人 사람 인 [人0, 총2획] — person — 人 rén — ジン·ニン(ひと)

之 갈 지 [丿3, 총4획] — go — 之 zhī — シ(ゆく·これ)

弟 아우 제 [弓4, 총7획] — younger brother — 弟 dì — テイ(おとうと)

2단계 부부/형제(夫婦/兄弟) | 113

197 雖有他親 수유타친   비록 다른 친척이 있으나

| 中3급 | 雖 비록 수 [隹9, 총17획] | 雖雖雖雖雖雖雖雖雖雖雖 雖 雖 雖 雖 雖 | 영 even if 중 虽 suī 일 スイ(いえども) |

| 中7급 | 有 있을 유 [月2, 총6획] | 有有有有有有 有 有 有 有 有 | 영 exist 중 有 yǒu 일 ユウ(ある) 반 無 |

| 中5급 | 他 다를 타 [人3, 총5획] | 他他他他他 他 他 他 他 他 | 영 different 중 他 tā 일 タ(ほか) 반 自 |

| 中6급 | 親 친할 친 [見9, 총16획] | 親親親親親親親親親親 親 親 親 親 親 | 영 intimate 중 亲 qīn 일 シン(おや·したしい) |

198 豈若兄弟 기약형제   어찌 형제간과 같겠는가?

| 高3급 | 豈 어찌 기 [豆3, 총10획] | 豈豈豈豈豈豈豈豈豈豈 豈 豈 豈 豈 豈 | 영 how 중 岂 qǐ 일 キ(あに) |

| 中3Ⅱ급 | 若 만일 약 [艸5, 총9획] | 若若若若若若若若若 若 若 若 若 若 | 영 if 중 若 ruò 일 ジャケ(もし) |

| 中8급 | 兄 맏 형 [儿3, 총5획] | 兄兄兄兄兄 兄 兄 兄 兄 兄 | 영 elder 중 兄 xiōng 일 ケイ·キョウ(あに) 반 弟 |

| 中8급 | 弟 아우 제 [弓4, 총7획] | 弟弟弟弟弟弟弟 弟 弟 弟 弟 弟 | 영 younger brother 중 弟 dì 일 テイ(おとうと) |

199 兄弟和睦 형제화목　형제가 화목하면

中8급　兄　맏 형 [儿3, 총5획]
兄兄兄兄兄
영 elder　중 兄 xiōng　일 ケイ·キョウ(あに)　반 弟

中8급　弟　아우 제 [弓4, 총7획]
弟弟弟弟弟弟弟
영 younger brother　중 弟 dì　일 テイ(おとうと)

中6급　和　화할 화 [口5, 총8획]
和和和和和和和和
영 mild　중 和 hé　일 ワ(あえる)　반 調, 協

高3Ⅱ급　睦　화목할 목 [目8, 총13획]
睦睦睦睦睦睦睦睦睦睦睦睦睦
영 frieddly　중 睦 mù　일 ボク(むつましい)

200 父母喜之 부모희지　부모님께서 기뻐하시느니라.

中8급　父　아비 부 [父0, 총4획]
父父父父
영 father　중 父 fù　일 フ(ちち)

中8급　母　어미 모 [毋1, 총5획]
母母母母母
영 mother　중 母 mǔ　일 ボ(はは)

中4급　喜　기쁠 희 [口9, 총12획]
喜喜喜喜喜喜喜喜喜喜喜喜
영 delightful　중 喜 xǐ　일 キ(よろこぶ)　반 悲

中3Ⅱ급　之　갈 지 [丿3, 총4획]
之之之之
영 go　중 之 zhī　일 シ(ゆく·これ)

201 事師如親 사사여친 — 스승 섬기기를 어버이와 같이 해서

事 일 사 [亅7, 총8획] — 영 work, 중 事 shì, 일 ジ(こと)

師 스승 사 [巾7, 총10획] — 영 teacher, 중 师 shī, 일 シ(せんせい), 반 弟

如 같을 여 [女3, 총6획] — 영 same, 중 如 rú, 일 ジョ·ニョ(ごとし)

親 친할 친 [見9, 총16획] — 영 intimate, 중 亲 qīn, 일 シン(おや·したしい)

202 必恭必敬 필공필경 — 반드시 공손히 하고 반드시 존경하라.

必 반드시 필 [心1, 총5획] — 영 surely, 중 必 bì, 일 ヒ·ゴ(あう·ちぎる)

恭 공손할 공 [心6, 총10획] — 영 respectful, 중 恭 gōng, 일 キョウ(うやうやしい)

必 반드시 필 [心1, 총5획] — 영 surely, 중 必 bì, 일 ヒ·ゴ(あう·ちぎる)

敬 공경할 경 [攴9, 총13획] — 영 respect, 중 敬 jìng, 일 ケイ(うやまう)

203 先生施教 선생시교 — 선생님께서 가르침을 베풀어 주시거든

先 먼저 선 [儿4, 총6획] — first | 先 xiān | セン(さき) | 後

生 날 생 [生0, 총5획] — born | 生 shēng | セイ(なま) | 死

施 베풀 시 [方5, 총9획] — give | 施 shī | セ·シ(ほどこす) | 設

敎 가르칠 교 [攴7, 총11획] — teach | 敎 jiào | キョウ(おしえる) | 訓

204 弟子是則 제자시칙 — 제자들은 이것을 본받아라.

弟 아우 제 [弓4, 총7획] — younger brother | 弟 dì | テイ(おとうと)

子 아들 자 [子0, 총3획] — son | 子 zǐ | シ·ス(こ) | 態

是 옳을 시 [日5, 총9획] — right | 是 shì | ゼシ(ただしい·これ) | 非

則 본받을 칙 [刀7, 총9획] — at once | 則 zé | ソク(のり)

2단계 부부/형제(夫婦/兄弟) | 117

205 夙興夜寐 숙흥야매 아침 일찍 일어나고 밤늦게 자서

夙 일찍 숙 [夕3, 총6획] — 영 early 중 sù 일 シュク(はやい)

興 일어날 흥 [臼9, 총16획] — 영 get up 중 兴 xīng 일 コウ(おこる) 반 亡

夜 밤 야 [夕5, 총8획] — 영 night 중 夜 yè 일 ヤ(よる) 반 日, 晝

寐 잠잘 매 [宀9, 총12획] — 영 sleep 중 mèi 일 ビ(ねむる)

206 勿懶讀書 물라독서 책 읽기를 게을리 하지 말라.

勿 말 물 [勹2, 총4획] — 영 don't 중 勿 wù 일 モツ・モチ(なかれ)

懶 게으를 라 [忄16, 총19획] — 영 lazy 중 懒 lǎn 일 モツ・モチ(なかれ)

讀 읽을 독 [言15, 총22획] — 영 read 중 读 dú 일 ドク(よむ)

書 글 서 [曰6, 총10획] — 영 writing 중 书 shū 일 ショ(かく)

207 勤勉工夫 근면공부 공부를 부지런히 힘쓰면

| 中4급 | 勤 부지런할 근 [力11, 총13획] | 勤勤勤勤勤勤勤勤勤勤勤勤勤 | 영 diligent 중 勤 qín 일 キン(つとめる) |

| 中4급 | 勉 힘쓸 면 [力7, 총9획] | 勉勉勉勉勉勉勉勉勉 | 영 exert 중 勉 miǎn 일 ベン(つとめる) |

| 中7급 | 工 장인 공 [工0, 총3획] | 工工工 | 영 artisan 중 工 gōng 일 コウ(たくみ) |

| 中7급 | 夫 지아비 부 [大1, 총4획] | 夫夫夫夫 | 영 husband 중 夫 fū 일 フ·フウ(おっと) 반 婦 |

208 父母悅之 부모열지 부모님께서 기뻐하시느니라.

| 中8급 | 父 아비 부 [父0, 총4획] | 父父父父 | 영 father 중 父 fù 일 フ(ちち) |

| 中8급 | 母 어미 모 [毋1, 총5획] | 母母母母母 | 영 mother 중 母 mǔ 일 ボ(はは) |

| 中3Ⅱ급 | 悅 기쁠 열 [心7, 총10획] | 悅悅悅悅悅悅悅悅悅悅 | 영 joyful·pleased 중 悅 yuè 일 エツ(よろこぶ) |

| 中3Ⅱ급 | 之 갈 지 [丿3, 총4획] | 之之之之 | 영 go 중 之 zhī 일 シ(ゆく·これ) |

2단계 부부/형제(夫婦/兄弟)

209 始習文字 시습문자 처음 문자를 익힐 때에는

始 [中6급] 처음 시 [女5, 총8획] — begin / 始 shǐ / シ(はじめ) / 反 終 / 同 初

習 [中6급] 익힐 습 [羽5, 총11획] — study / 习 xí / シユウ(ならう)

文 [中7급] 글월 문 [文0, 총4획] — letter / 文 wén / ブン(もじ) / 反 武 / 同 章

字 [中7급] 글자 자 [子3, 총6획] — letter / 字 zì / ジ(もじ)

210 字劃楷正 자획해정 글자의 획을 바르게 써라.

字 [中7급] 글자 자 [子3, 총6획] — letter / 字 zì / ジ(もじ)

劃 [高3II급] 그을 획 [刀12, 총14획] — draw / 划 huà / カク・カツ

楷 [1급] 본보기 해 [木9, 총13획] — written / 楷 kǎi, jiē / カイ(てほん)

正 [中7급] 바를 정 [止1, 총5획] — straight / 正 zhèng / セイ(ただしい)

211 書冊狼藉 서책낭자 서책이 함부로 깔려 있거든

| 中3급 | 書 글 서 [日6, 총10획] | 書書書書書書書書書書 | writing | 书 shū | ショ(かく) |

| 中4급 | 冊 책 책 [冂3, 총5획] | 冊冂冊冊冊 | book | 册 cè | サツ(ほん) |

| 2급 | 狼 어지러울 랑 [犬7, 총10획] | 狼狼狼狼狼狼狼狼狼狼 | dizzy | láng | ロウ(おおかみ) |

| 2급 | 藉 깔 자 [艸14, 총18획] | 藉藉藉藉藉藉藉藉 | spread | jiè | シャ(しく) |

212 每必整頓 매필정돈 매번 반드시 정돈하라.

| 中7급 | 每 매양 매 [毋3, 총7획] | 每每每每每每每 | always | 每 měi | マイ(ごと) |

| 中5급 | 必 반드시 필 [心1, 총5획] | 必必必必必 | surely | 必 bì | ヒ・ゴ(あう・ちぎる) |

| 高4급 | 整 가지런할 정 [攴12, 총16획] | 整整整整整整整整整整整整 | arrange | 整 zhěng | ヒイ(ととのう) 治 |

| 2급 | 頓 조아릴 돈 [頁4, 총13획] | 頓頓頓頓頓頓頓頓頓頓頓頓 | bow the head | 頓 dùn | トン(ぬかずく) |

213 非教不知 비교부지 — 가르치지 아니하면 알지 못하니

非 아닐 비 [非0, 총8획] — 영 not / 중 非 fēi / 일 ヒ(あらず) / 반 是

教 가르칠 교 [攴7, 총11획] — 영 teach / 중 教 jiào / 일 キョウ(おしえる) / 동 訓

不 아닐 불 [一3, 총4획] — 영 not / 중 不 bù / 일 フ·ブ

知 알 지 [矢3, 총8획] — 영 know / 중 知 zhī / 일 シキ(しる) / 동 識

214 非知何行 비지하행 — 알지 못하면 어찌 행하리오.

非 아닐 비 [非0, 총8획] — 영 not / 중 非 fēi / 일 ヒ(あらず) / 반 是

知 알 지 [矢3, 총8획] — 영 know / 중 知 zhī / 일 シキ(しる) / 동 識

何 어찌 하 [人5, 총7획] — 영 how / 중 何 hé / 일 カ·ガ(した)

行 다닐 행 [行0, 총6획] — 영 go·walk / 중 行 xíng / 일 コウ(いく) / 반 言

215 能孝能悌 능효능제 — 부모님께 효도하고 웃어른을 공경할 수 있는 것은

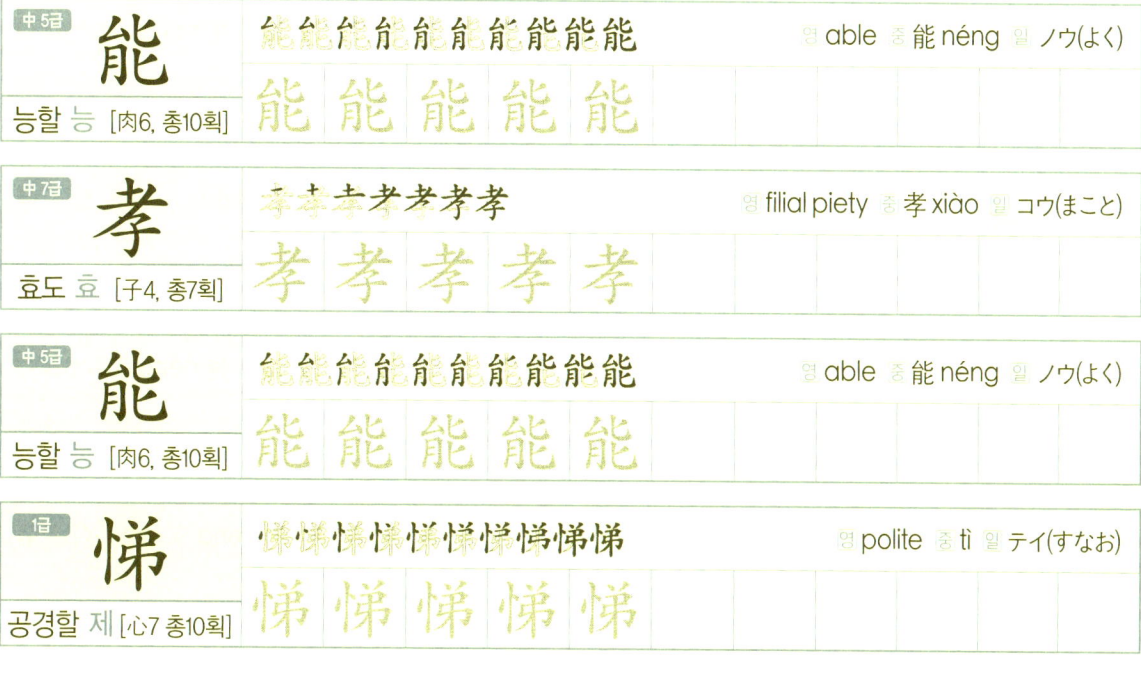

216 莫非師恩 막비사은 — 스승의 은혜가 아닌 것이 없느니라.

2단계 부부/형제(夫婦/兄弟) | 123

217 能知能行 능지능행 알 수 있고 행할 수 있는 것은

能 능할 능 [肉6, 총10획] — 영 able 중 能 néng 일 ノウ(よく)

知 알 지 [矢3, 총8획] — 영 know 중 知 zhī 일 シキ(しる) 동 識

能 능할 능 [肉6, 총10획] — 영 able 중 能 néng 일 ノウ(よく)

行 다닐 행 [行0, 총6획] — 영 go·walk 중 行 xíng 일 コウ(いく) 반 言

218 總是師功 총시사공 모두 스승의 공이니라.

總(総) 거느릴 총 [糸11, 총18획] — 영 control 중 总 zǒng 일 ソウ(ふさ)

是 옳을 시 [日5, 총9획] — 영 right 중 是 shì 일 ゼシ(ただしい·これ) 동 非

師(师) 스승 사 [巾7, 총10획] — 영 teacher 중 师 shī 일 シ(せんせい) 반 弟

功 공로 공 [力3, 총5획] — 영 merits 중 功 gōng 일 コウ·ク(いさお) 반 過

219 非爾自行 비이자행 너 스스로 행한 것이 아니요,

220 唯師導之 유사도지 오직 스승의 이끌어 주심 때문이니

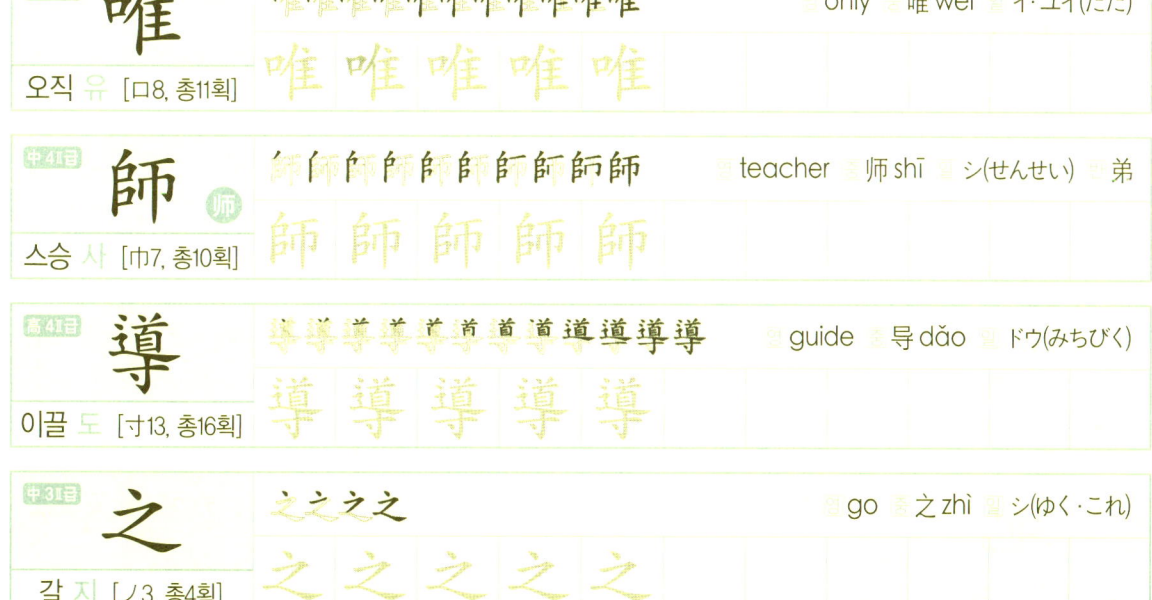

221 其恩其功 기은기공　그 은혜와 그 공은

| 中3II급 | 其 그 기 [人6, 총8획] | 其其其其其其其其 | 其 其 其 其 其 | 영 it 중 其 qí 일 キ(その) |

| 中4II급 | 恩 은혜 은 [心6, 총10획] | 恩恩恩恩恩恩恩恩恩恩 | 恩 恩 恩 恩 恩 | 영 favor 중 恩 ēn 일 オン 반 怨 동 惠 |

| 中3II급 | 其 그 기 [人6, 총8획] | 其其其其其其其其 | 其 其 其 其 其 | 영 it 중 其 qí 일 キ(その) |

| 中6급 | 功 공로 공 [力3, 총5획] | 功功功功功 | 功 功 功 功 功 | 영 merits 중 功 gōng 일 コウ・ク(いさお) 반 過 |

222 亦如天地 역여천지　또한 하늘과 땅 같으니라.

| 中3II급 | 亦 또 역 [亠4, 총6획] | 亦亦亦亦亦亦 | 亦 亦 亦 亦 亦 | 영 also 중 亦 yì 일 エキ・ヤク(また) |

| 中4급 | 如 같을 여 [女3, 총6획] | 如如如如如如 | 如 如 如 如 如 | 영 same 중 如 rú 일 ジョ・ニョ(ごとし) |

| 中7급 | 天 하늘 천 [大1, 총4획] | 天天天天 | 天 天 天 天 天 | 영 heaven·sky 중 天 tiān 일 テン(そら) 반 地 |

| 中7급 | 地 땅 지 [土3, 총6획] | 地地地地地地 | 地 地 地 地 地 | 영 earth 중 地 dì 일 チ(つち) 반 天 동 土 |

223 長者慈幼 장자자유   어른은 어린이를 사랑하고
※ 長 : 어른 장, 오랠 장, 뛰어날 장

高 8급 長
길 장 [長0, 총8획]
영 long 중 长 cháng 일 チョウ(ながい) 반 短

中 6급 者
놈 자 [老5, 총9획]
영 person 중 者 zhě 일 シャ(もの)

中 3Ⅱ급 慈
사랑할 자 [心9, 총13획]
영 mercy 중 慈 cí 일 ジ(いつくしむ)

中 3Ⅱ급 幼
어릴 유 [幺2, 총5획]
영 infant 중 幼 yòu 일 ヨウ(おさない)

224 幼者敬長 유자경장   어린이는 어른을 공경하라.

中 3Ⅱ급 幼
어릴 유 [幺2, 총5획]
영 infant 중 幼 yòu 일 ヨウ(おさない)

中 6급 者
놈 자 [老5, 총9획]
영 person 중 者 zhě 일 シャ(もの)

中 5급 敬
공경할 경 [攴9, 총13획]
영 respect 중 敬 jìng 일 ケイ(うやまう)

高 8급 長
길 장 [長0, 총8획]
영 long 중 长 cháng 일 チョウ(ながい) 반 短

225 長者之前 장자지전 어른의 앞에서는

高8급 長 길 장 [長0, 총8획]
영 long 중 长 cháng 일 チョウ(ながい) 반 短

中6급 者 놈 자 [老5, 총9획]
영 person 중 者 zhě 일 シャ(もの)

中3Ⅱ급 之 갈 지 [丿3, 총4획]
영 go 중 之 zhī 일 シ(ゆく·これ)

中7급 前 앞 전 [刀7, 총9획]
영 front 중 前 qián 일 ゼン(まえ) 반 後

226 進退必恭 진퇴필공 나아가고 물러날 때 반드시 공손히 하라.

中4Ⅱ급 進 나갈 진 [辵8, 총12획]
영 advance 중 进 jìn 일 シン(すすむ) 반 退

中4Ⅱ급 退 물러날 퇴 [辵6, 총10획]
영 retreat 중 退 tuì 일 タイ(しりぞく) 반 進

中5급 必 반드시 필 [心1, 총5획]
영 surely 중 必 bì 일 ヒツ·ゴ(あう·ちぎる)

高3Ⅱ급 恭 공손할 공 [心6, 총10획]
영 respectful 중 恭 gōng 일 キョウ(うやうやしい)

227 年長以倍 연장이배 나이가 많아 곱절이 되거든

中 8급 年 해 년 [干3, 총6획]
年年年年年年
영 year 중 年 nián 일 ネン(とし) 동 歲

高 8급 長 길 장 [長0, 총8획]
長長長長長長長長
영 long 중 长 cháng 일 チョウ(ながい) 반 短

中 5급 以 써 이 [人3, 총5획]
以以以以以
영 with·by 중 以 yǐ 일 イ(もって)

高 5급 倍 곱 배 [人8, 총10획]
倍倍倍倍倍倍倍倍倍倍
영 double 중 倍 bèi 일 バイ(ます)

228 父以事之 부이사지 아버지로 섬기고

中 8급 父 아비 부 [父0, 총4획]
父父父父
영 father 중 父 fù 일 フ(ちち)

中 5급 以 써 이 [人3, 총5획]
以以以以以
영 with·by 중 以 yǐ 일 イ(もって)

中 7급 事 일 사 [亅7, 총8획]
事事事事事事事事
영 work 중 事 shì 일 ジ(こと)

中 3Ⅱ급 之 갈 지 [丿3, 총4획]
之之之之
영 go 중 之 zhī 일 シ(ゆく·これ)

2단계 부부/형제(夫婦/兄弟)

229 十年以長 십년이장 열 살이 더 많으면

| 中8급 | 十 | 열 십 [十0, 총2획] | 十十 | 영 ten 중 十 shí 일 ジュウ(とお) |

| 中8급 | 年 | 해 년 [干3, 총6획] | 年年年年年年 | 영 year 중 年 nián 일 ネン(とし) 동 歲 |

| 中5급 | 以 | 써 이 [人3, 총5획] | 以以以以以 | 영 with·by 중 以 yǐ 일 イ(もつて) |

| 高8급 | 長 | 길 장 [長0, 총8획] | 長長長長長長長長 | 영 long 중 长 cháng 일 チョウ(ながい) 반 短 |

230 兄以事之 형이사지 형으로 섬겨라.

| 中8급 | 兄 | 맏 형 [儿3, 총5획] | 兄兄兄兄兄 | 영 elder 중 兄 xiōng 일 ケイ·キョウ(あに) 반 弟 |

| 中5급 | 以 | 써 이 [人3, 총5획] | 以以以以以 | 영 with·by 중 以 yǐ 일 イ(もつて) |

| 中7급 | 事 | 일 사 [亅7, 총8획] | 事事事事事事事事 | 영 work 중 事 shì 일 ジ(こと) |

| 中3Ⅱ급 | 之 | 갈 지 [丿3, 총4획] | 之之之之 | 영 go 중 之 zhī 일 シ(ゆく·これ) |

231 我敬人親 아경인친
내가 다른 사람의 어버이를 공경하면
※ 我事人親(아사인친) : 내가 다른 사람의 어버이를 섬기면

中 3Ⅱ급 我
나 아 [戈3, 총7획]
我 二 千 手 我 我 我
영 I·we 중 我 wǒ 일 ガ(わ·われ)

中 5급 敬
공경할 경 [攴9, 총13획]
敬 一 卄 丼 芍 芍 苟 苟 苟 茍 敬 敬 敬
영 respect 중 敬 jìng 일 ケイ(うやまう)

中 8급 人
사람 인 [人0, 총2획]
丿 人
영 person 중 人 rén 일 ジン·ニン(ひと)

中 6급 親
친할 친 [見9, 총16획]
親 亠 立 辛 辛 亲 亲 親 親 親 親
영 intimate 중 亲 qīn 일 シン(おや·したしい)

232 人敬我親 인경아친
다른 사람이 내 어버이를 공경하고,
※ 人事我親(인사아친) : 다른 사람이 내 어버이를 섬기고,

中 8급 人
사람 인 [人0, 총2획]
丿 人
영 person 중 人 rén 일 ジン·ニン(ひと)

中 5급 敬
공경할 경 [攴9, 총13획]
敬 一 卄 丼 芍 芍 苟 苟 苟 茍 敬 敬 敬
영 respect 중 敬 jìng 일 ケイ(うやまう)

中 3Ⅱ급 我
나 아 [戈3, 총7획]
我 二 千 手 我 我 我
영 I·we 중 我 wǒ 일 ガ(わ·われ)

中 6급 親
친할 친 [見9, 총16획]
親 亠 立 辛 辛 亲 亲 親 親 親 親
영 intimate 중 亲 qīn 일 シン(おや·したしい)

233 我敬人兄 아경인형 — 내가 다른 사람의 형을 공경하면

我 나 아 [戈3, 총7획]
我我我我我我我
영 I·we 중 我 wǒ 일 ガ(わ·われ)

敬 공경할 경 [攴9, 총13획]
敬敬敬敬敬茍茍茍茍敬敬敬敬
영 respect 중 敬 jìng 일 ケイ(うやまう)

人 사람 인 [人0, 총2획]
人人
영 person 중 人 rén 일 ジン·ニン(ひと)

兄 맏 형 [儿3, 총5획]
兄兄兄兄兄
영 elder 중 兄 xiōng 일 ケイ·キョウ(あに) 반 弟

234 人敬我兄 인경아형 — 다른 사람이 내 형을 공경하느니라.

人 사람 인 [人0, 총2획]
人人
영 person 중 人 rén 일 ジン·ニン(ひと)

敬 공경할 경 [攴9, 총13획]
敬敬敬敬敬茍茍茍茍敬敬敬敬
영 respect 중 敬 jìng 일 ケイ(うやまう)

我 나 아 [戈3, 총7획]
我我我我我我我
영 I·we 중 我 wǒ 일 ガ(わ·われ)

兄 맏 형 [儿3, 총5획]
兄兄兄兄兄
영 elder 중 兄 xiōng 일 ケイ·キョウ(あに) 반 弟

235 賓客來訪 빈객내방 손님이 찾아오거든

236 接待必誠 접대필성 접대하기를 반드시 정성스럽게 하라.

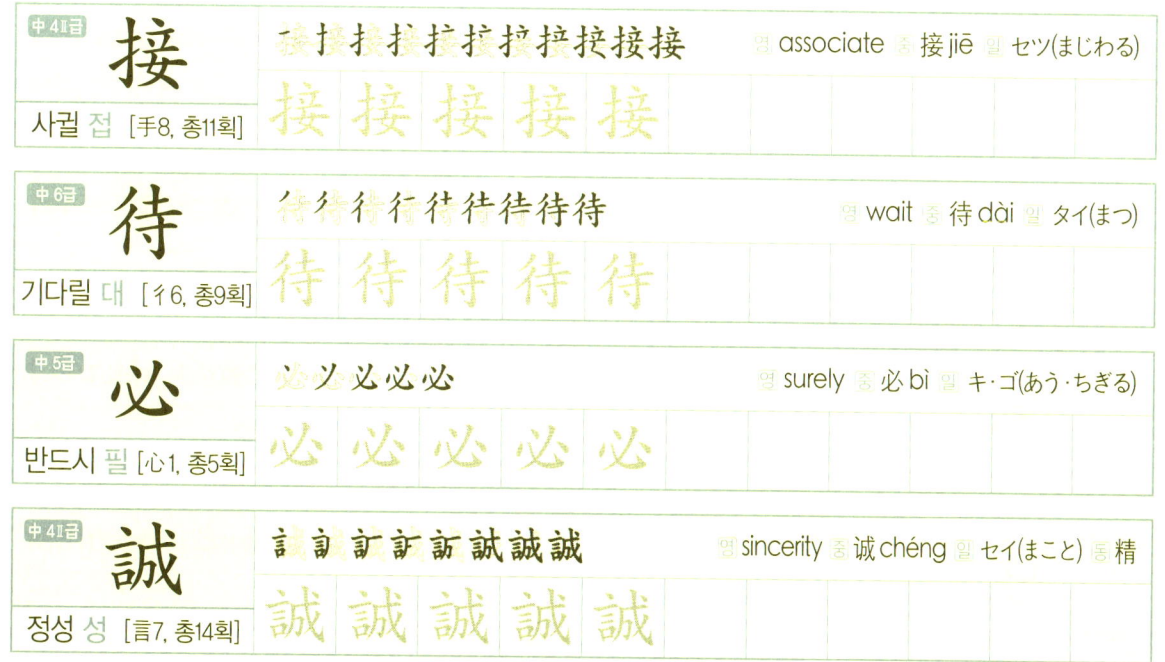

237 賓客不來 빈객불래 손님이 오지 않으면

賓 손님 빈 [貝7, 총14획] — 高3급
賓賓賓賓賓賓賓賓賓賓賓賓
영 guest 중 宾 bīn 일 ヒン(まらうど)

客 손 객 [宀6, 총9획] — 中5급
客客客客客客客客客
영 guest 중 客 kè 일 キャク(まらうど) 반 主

不 아닐 불 [一3, 총4획] — 中7급
不不不不
영 not 중 不 bù 일 フ・ブ

來 (来) 올 래 [人6, 총8획] — 中7급
來來來來來來來來
영 come 중 来 lái 일 ライ(きたる)

238 門戶寂寞 문호적막 문호(출입구, 대문)가 적막해지느니라.

門 문 문 [門0, 총8획] — 中8급
門門門門門門門門
영 door 중 门 mén 일 モン(かど)

戶 지게 호 [戶0, 총4획] — 中4II급
戶戶戶戶
영 door 중 户 hù 일 コ(と)

寂 고요할 적 [宀8, 총11획] — 高3II급
寂寂寂寂寂寂寂寂寂寂
영 quiet 중 寂 jì 일 セキ(さびしい)

寞 쓸쓸할 막 [宀11, 총14획] — 2급
寞寞寞寞寞寞寞
영 solitary 중 mò 일 バク(さびしい)

239 人之處世 인지처세 — 사람이 세상을 살아가면서
※ 人之在世(인지재세) : 사람이 세상에 있으면서

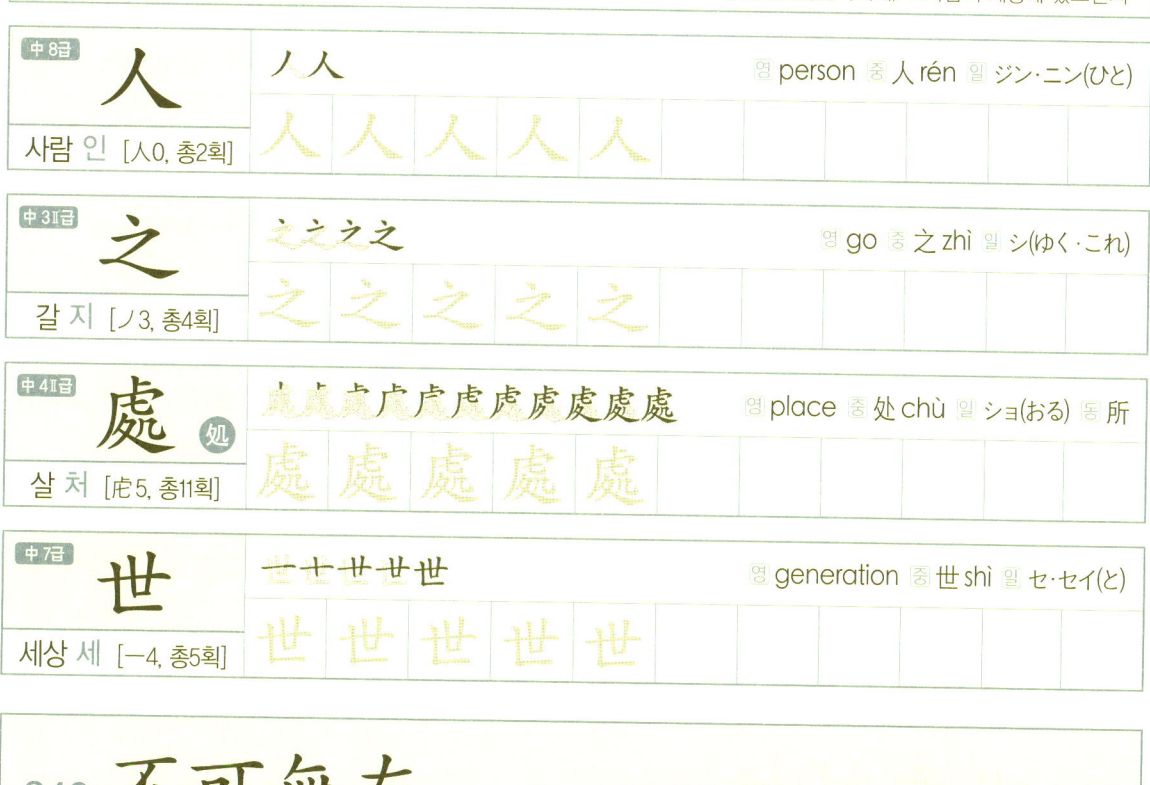

240 不可無友 불가무우 — 친구가 없을 수 없으니

241 以文會友 이문회우 글로써 벗을 모으고

| 中5급 | 以 써 이 [人3, 총5획] | 以以以以以 | 영 with·by 중 以 yǐ 일 イ(もって) |

| 中7급 | 文 글월 문 [文0, 총4획] | 文文文文 | 영 letter 중 文 wén 일 ブン(もじ) 반 武 동 章 |

| 中6급 | 會 会 모일 회 [日9, 총13획] | 會會會會會會會會會會會會會 | 영 meet 중 会 huì 일 カイ·エ(あう) |

| 中5급 | 友 우애 우 [又2, 총4획] | 友友友友 | 영 friend 중 友 yǒu 일 コウ(とも) |

242 以友輔仁 이우보인 벗으로써 어질게 됨을 도와라.

| 中5급 | 以 써 이 [人3, 총5획] | 以以以以以 | 영 with·by 중 以 yǐ 일 イ(もって) |

| 中5급 | 友 우애 우 [又2, 총4획] | 友友友友 | 영 friend 중 友 yǒu 일 コウ(とも) |

| 2급 | 輔 도울 보 [車7, 총14획] | 輔輔輔輔輔輔輔輔輔輔輔輔輔輔 | 영 cheekbone 중 辅 fǔ 일 ホ(ほおぼね) |

| 中4급 | 仁 어질 인 [人2, 총4획] | 仁仁仁仁 | 영 humanity 중 仁 rén 일 ジン·ニン(いつくしみ) |

243 友其正人 우기정인 바른 사람을 벗하면

友 우애 우 [又2, 총4획] — 中5급
一ナ方友
영 friend 중 友 yǒu 일 コウ(とも)

其 그 기 [八6, 총8획] — 中3Ⅱ급
其其其其其其其其
영 it 중 其 qí 일 キ(その)

正 바를 정 [止1, 총5획] — 中7급
正丁下正正
영 straight 중 正 zhèng 일 セイ(ただしい)

人 사람 인 [人0, 총2획] — 中8급
丿人
영 person 중 人 rén 일 ジン·ニン(ひと)

244 我亦自正 아역자정 나도 저절로 바르게 되고,

我 나 아 [戈3, 총7획] — 中3Ⅱ급
我我千我我我我
영 I·we 중 我 wǒ 일 ガ(わ·われ)

亦 또 역 [亠4, 총6획] — 中3Ⅱ급
亦亠广方亦亦
영 also 중 亦 yì 일 エキ·ヤク(また)

自 스스로 자 [自0, 총6획] — 中7급
自自自自自自
영 self 중 自 zì 일 シ·ジ(みずから)

正 바를 정 [止1, 총5획] — 中7급
正丁下正正
영 straight 중 正 zhèng 일 セイ(ただしい)

2단계 부부/형제(夫婦/兄弟) | **137**

245 從遊邪人 종유사인 간사한 사람을 따라서 놀면

從 좇을 종 [彳8, 총11획] — 영 obey 중 从 cóng 일 ジュウ(したがう) 반 主

遊 놀 유 [辶9, 총13획] — 영 play 중 游 yóu 일 ユ·ユウ(あそぶ)

邪 간사할 사 [邑4, 총7획] — 영 malicious 중 邪 xié 일 ジャ(よこしま)

人 사람 인 [人0, 총2획] — 영 person 중 人 rén 일 ジン·ニン(ひと)

246 我亦自邪 아역자사 나도 저절로 간사해진다.

我 나 아 [戈3, 총7획] — 영 I·we 중 我 wǒ 일 ガ(わ·われ)

亦 또 역 [亠4, 총6획] — 영 also 중 亦 yì 일 エキ·ヤク(また)

自 스스로 자 [自0, 총6획] — 영 self 중 自 zì 일 シ·ジ(みずから)

邪 간사할 사 [邑4, 총7획] — 영 malicious 중 邪 xié 일 ジャ(よこしま)

247 蓬生麻中 봉생마중 쑥이 삼 가운데서 자라나면

2급	蓬 쑥 봉 [艸11, 총15획]	蓬蓬蓬蓬蓬芛芛莑莑莑蓬蓬蓬蓬蓬	영 mugwort 중 péng 일 ホウ(よもぎ)
中8급	生 날 생 [生0, 총5획]	丿一ヒ牛生	영 born 중 生 shēng 일 セイ(なま) 반 死
高3급	麻 삼 마 [麻0, 총11획]	麻广广广广床床麻麻麻麻	영 hemp 중 麻 má 일 マ(あさ)
中8급	中 가운데 중 [丨3, 총4획]	丨口口中	영 middle 중 中 zhōng 일 チユウ(なか)

248 不扶自直 불부자직 붙들어주지 않아도 저절로 곧아지고

中7급	不 아닐 불 [一3, 총4획]	一ブ不不	영 not 중 不 bù 일 フ・ブ
中3II급	扶 도울 부 [扌4, 총7획]	扶扌扌扌扶扶扶	영 assist 중 扶 fú 일 フ(たすける)
中7급	自 스스로 자 [自0, 총6획]	自自自自自自	영 self 중 自 zì 일 シジ(みずから)
中7급	直 곧을 직 [目3, 총8획]	一十十古古苜首直	영 straight 중 直 zhí 일 チョク(なお) 반 曲

249 白沙在泥 백사재니 흰모래가 진흙에 있으면

白 흰 백 [白1, 총6획] — 영 white 중 白 bái 일 ハク(しろい) 반 黑

沙 모래 사 [水4, 총7획] — 영 sand 중 沙 shā 일 サ(すな)

在 있을 재 [土3, 총6획] — 영 exist 중 在 zài 일 ザイ(ある) 동 存

泥 진흙 니 [水5, 총8획] — 영 mud 중 泥 ní 일 デイ(どろ)

250 不染自汚 불염자오 물들이지 않아도 저절로 더러워지느니라.

※ 汚→陋(더러울 루)로 쓰기도 함

不 아닐 불 [一3, 총4획] — 영 not 중 不 bù 일 フ·ブ

染 물들일 염 [木5, 총9획] — 영 dye 중 染 rǎn 일 セン(そめる)

自 스스로 자 [自0, 총6획] — 영 self 중 自 zì 일 シ·ジ(みずから)

汚 더러울 오 [水3, 총6획] — 영 dirty 중 汚 wū 일 オ(けがす·よごす)

251 近墨者黑 근묵자흑
먹을 가까이 하는 사람은 검어지고

中6급	近 가까울 근 [辶4, 총8획]	近厂斤斤沂沂近近 近 近 近 近 近	영 near 중 近 jìn 일 キン(ちかい) 반 遠
中3급	墨 먹 묵 [土12, 총15획]	墨墨墨墨黑黑黑黑黑墨墨 墨 墨 墨 墨 墨	영 ink 중 墨 mò 일 ボク(すみ)
中6급	者 놈 자 [老5, 총9획]	者者者者者者者者 者 者 者 者 者	영 person 중 者 zhě 일 シャ(もの)
中5급	黑 검을 흑 [黑0, 총12획]	黑黑黑黑黑黑黑黑黑黑黑 黑 黑 黑 黑 黑	영 black 중 黑 hēi 일 コク(くろ) 반 白

252 近朱者赤 근주자적
주사(朱砂)를 가까이하는 사람은 붉게 되니
※ 주사(朱砂) : 붉은 빛이 나는 광물로 물감이나 한방약으로 쓰임. 부적을 그릴 때 많이 쓰임

中6급	近 가까울 근 [辶4, 총8획]	近厂斤斤沂沂近近 近 近 近 近 近	영 near 중 近 jìn 일 キン(ちかい) 반 遠
中4급	朱 붉을 주 [木2, 총6획]	朱朱朱朱朱朱 朱 朱 朱 朱 朱	영 red 중 朱 zhū 일 シュ(あけ) 반 紅
中6급	者 놈 자 [老5, 총9획]	者者者者者者者者 者 者 者 者 者	영 person 중 者 zhě 일 シャ(もの)
中5급	赤 붉을 적 [赤0, 총7획]	赤赤赤赤赤赤赤 赤 赤 赤 赤 赤	영 red 중 赤 chì 일 セキ(あか)

2단계 부부/형제(夫婦/兄弟)

253 居必擇隣 거필택린   거처할 때엔 반드시 이웃을 가리고

居 살 거 [尸5, 총8획]   中4급
- 영 live 중 居 jū 일 キョ(いる·おる) 동 住

必 반드시 필 [心1, 총5획]   中5급
- 영 surely 중 必 bì 일 キ·ゴ(あう·ちぎる)

擇(択) 가릴 택 [手13, 총16획]   高4급
- 영 select 중 择 zé 일 タク(えらぶ) 동 選

隣 이웃 린 [阜12, 총15획]   高3급
- 영 neighbor 중 邻 lín 일 リン(となる)

254 就必有德 취필유덕   나아갈 때엔 반드시 덕 있는 사람에게 가라.

就 나아갈 취 [尢9, 총12획]   中4급
- 영 enter 중 就 jiù 일 シュウ·ジュ(つく) 동 進

必 반드시 필 [心1, 총5획]   中5급
- 영 surely 중 必 bì 일 キ·ゴ(あう·ちぎる)

有 있을 유 [月2, 총6획]   中7급
- 영 exist 중 有 yǒu 일 ユウ(ある) 반 無

德 덕 덕 [彳12, 총15획]   中5급
- 영 virtue 중 德 dé 일 トク

255 擇而交之 택이교지 사람을 가려서 사귀면

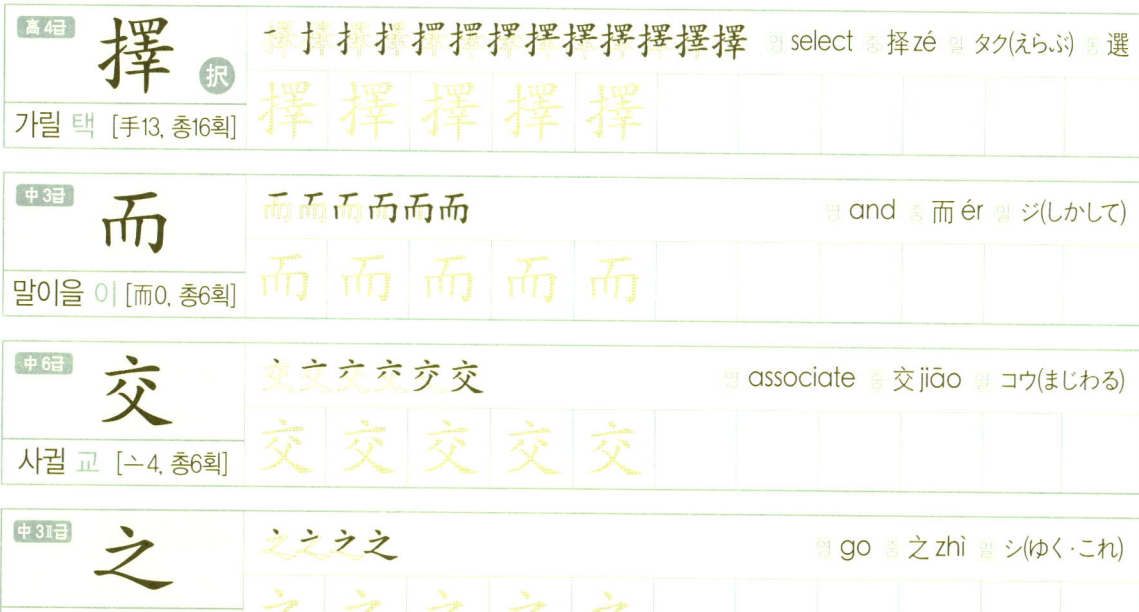

高4급	擇 (択) 가릴 택 [手13, 총16획]	一 十 扌 扩 擇 擇 擇 擇 擇 擇 擇 擇	영 select 중 择 zé 일 タク(えらぶ) 번 選
中3급	而 말이을 이 [而0, 총6획]	而 而 而 而 而 而	영 and 중 而 ér 일 ジ(しかして)
中6급	交 사귈 교 [亠4, 총6획]	交 亠 冫 六 亣 交	영 associate 중 交 jiāo 일 コウ(まじわる)
中3Ⅱ급	之 갈 지 [丿3, 총4획]	之 之 之 之	영 go 중 之 zhì 일 シ(ゆく・これ)

256 有所補益 유소보익 도움과 유익함이 있고,

中7급	有 있을 유 [月2, 총6획]	一 ナ 冇 冇 有 有	영 exist 중 有 yǒu 일 ユウ(ある) 반 無
中7급	所 바 소 [戶4, 총8획]	一 ㇁ ㇁ 戶 戶 所 所 所	영 place 중 所 suǒ 일 リク(あやまる) 동 處
高3Ⅱ급	補 도울 보 [衤7, 총12획]	衤 衤 衤 衤 衤 袻 袻 補 補 補	영 help 중 补 pǔ 일 ホ(おぎなう)
中4Ⅱ급	益 유익할 익 [皿5, 총10획]	八 丷 公 公 公 谷 谷 谷 益 益	영 increase 중 益 yì 일 エキ・ヤク(ます) 반 損

257 不擇而交 불택이교 가리지 않고 사귀면

中7급 不 아닐 불 [一3, 총4획]	영 not 중 不 bù 일 フ·ブ

高4급 擇 (択) 가릴 택 [手13, 총16획]	영 select 중 择 zé 일 タク(えらぶ) 동 選

中3급 而 말이을 이 [而0, 총6획]	영 and 중 而 ér 일 ジ(しかして)

中6급 交 사귈 교 [亠4, 총6획]	영 associate 중 交 jiāo 일 コウ(まじわる)

258 反有害矣 반유해의 도리어 해가 있느니라.

中6급 反 되돌릴 반 [又2, 총4획]	영 return 중 反 fǎn 일 ハン(そる)

中7급 有 있을 유 [月2, 총6획]	영 exist 중 有 yǒu 일 ユウ(ある) 반 無

高4급 害 해칠 해 [宀7, 총10획]	영 harm 중 害 hài 일 ガイ(そこなう) 반 利

中3급 矣 어조사 의 [矢2, 총7획]	영 particle 중 矣 yǐ 일 イ(じとじ)

259 朋友有過 붕우유과 친구에게 잘못이 있거든

中3급 朋 벗 붕 [月4, 총8획] — friend 朋 péng ホウ(とも)

中5급 友 우애 우 [又2, 총4획] — friend 友 yǒu コウ(とも)

中7급 有 있을 유 [月2, 총6획] — exist 有 yǒu ユウ(ある) 無

中5급 過 허물 과 [辵9, 총13획] — excess 过 guò カ(すぎる) 功 誤

260 忠告善導 충고선도 충고하여 착하게 인도하라.

中4Ⅱ급 忠 충성 충 [心4, 총8획] — loyalty 忠 zhōng チュウ(まごころ)

中5급 告 알릴 고 [口4, 총7획] — tell 告 gào コウ·コク(つげる) 報, 申

中5급 善 착할 선 [口9, 총12획] — good 善 shàn ゼン(よい) 惡

高4Ⅱ급 導 이끌 도 [寸13, 총16획] — guide 导 dǎo ドウ(みちびく)

2단계 부부/형제(夫婦/兄弟) | **145**

261 人無責友 인무책우 — 사람이 잘못을 꾸짖어 주는 친구가 없으면

人 사람 인 [人0, 총2획] — person / 人 rén / ジン・ニン(ひと)

無 없을 무 [火8, 총12획] — nothing / 无 wú / ム・ブ(ない) / 반 有

責 꾸짖을 책 [貝4, 총11획] — scold / 责 zé / セキ(せめる)

友 우애 우 [又2, 총4획] — friend / 友 yǒu / コウ(とも)

262 易陷不義 이함불의 — 의롭지 못한데 빠지기 쉬우니라.

易 쉬울 이 [日4, 총8획] — easy / 易 yì / イ(やすい)

陷 빠질 함 [阜8, 총11획] — fall / 陷 xiàn / カン(おちいる)

不 아닐 불 [一3, 총4획] — not / 不 bù / フ・ブ

義 옳을 의 [羊7, 총13획] — righteous / 义 yì / ギ(よし)

263 面讚我善 면찬아선 — 면전에서 나의 착한 점을 칭찬하면

中7급 面 얼굴 면 [面0, 총9획] — face / 面 miàn / メン(かお)

中4급 讚 (賛) 칭찬할 찬 [言19, 총26획] — praise / 赞 zàn / サン(たたえる) / 稱

中3Ⅱ급 我 나 아 [戈3, 총7획] — I·we / 我 wǒ / ガ(わ·われ)

中5급 善 착할 선 [口9, 총12획] — good / 善 shàn / ゼン(よい) / 惡

264 諂諛之人 첨유지인 — 아첨하는 사람이고,

1급 諂 아첨할 첨 [言8 총15획] — flatter / 谄 chǎn / テン(へつらう)

1급 諛 아첨할 유 [言9 총16획] — flatter / 谀 yú / ユ

中3Ⅱ급 之 갈 지 [丿3, 총4획] — go / 之 zhī / シ(ゆく·これ)

中8급 人 사람 인 [人0, 총2획] — person / 人 rén / ジン·ニン(ひと)

2단계 부부/형제(夫婦/兄弟) | **147**

265 面責我過 면책아과 — 면전에서 나의 잘못을 꾸짖으면

面 얼굴 면 [面0, 총9획] — 中7급 — 영 face 중 面 miàn 일 メン(かお)

責 꾸짖을 책 [貝4, 총11획] — 中5급 — 영 scold 중 责 zè 일 セキ(せめる)

我 나 아 [戈3, 총7획] — 中3Ⅱ급 — 영 I·we 중 我 wǒ 일 ガ(わ·われ)

過 허물 과 [辵9, 총13획] — 中5급 — 영 excess 중 过 guò 일 カ(すぎる) 반 功 동 誤

266 剛直之人 강직지인 — 굳세고 정직한 사람이다.

剛 굳셀 강 [刀8, 총10획] — 高3Ⅱ급 — 영 firm 중 刚 gāng 일 ゴウ(つよい)

直 곧을 직 [目3, 총8획] — 中7급 — 영 straight 중 直 zhí 일 チョク(なお) 반 曲

之 갈 지 [丿3, 총4획] — 中3Ⅱ급 — 영 go 중 之 zhī 일 シ(ゆく·これ)

人 사람 인 [人0, 총2획] — 中8급 — 영 person 중 人 rén 일 ジン·ニン(ひと)

267 言而不信 언이불신 말을 하되 미덥지 못하면

言 말씀 언 [言0, 총7획] — 言言言言言言言 — word 言 yán ゲン(こと)

而 말이을 이 [而0, 총6획] — 而而而而而而 — and 而 ér ジ(しかして)

不 아닐 불 [一3, 총4획] — 不不不不 — not 不 bù フ・ブ

信 믿을 신 [人7, 총9획] — 信信信信信信信信信 — believe·trust 信 xìn シン(まこと)

268 非直之友 비직지우 정직한 친구가 아니다.

非 아닐 비 [非0, 총8획] — 非非非非非非非非 — not 非 fēi ヒ(あらず) 是

直 곧을 직 [目3, 총8획] — 直直直直直直直直 — straight 直 zhí チョク(なお) 曲

之 갈 지 [丿3, 총4획] — 之之之之 — go 之 zhī シ(ゆく・これ)

友 우애 우 [又2, 총4획] — 友友友友 — friend 友 yǒu コウ(とも)

2단계 부부/형제(夫婦/兄弟) | 149

269 見善從之 견선종지 착한 것을 보면 그것을 따르고

見 볼 견 [見0, 총7획] — 영 see / 중 见 jiàn / 일 ケン(みる)

善 착할 선 [口9, 총12획] — 영 good / 중 善 shàn / 일 ゼン(よい) / 반 惡

從 (从) 좇을 종 [彳8, 총11획] — 영 obey / 중 从 cóng / 일 ジユウ(したがう) / 반 主

之 갈 지 [丿3, 총4획] — 영 go / 중 之 zhī / 일 シ(ゆく·これ)

270 知過必改 지과필개 잘못을 알면 반드시 고쳐라.

知 알 지 [矢3, 총8획] — 영 know / 중 知 zhī / 일 シキ(しる) / 동 識

過 허물 과 [辵9, 총13획] — 영 excess / 중 过 guò / 일 カ(すぎる) / 반 功 / 동 誤

必 반드시 필 [心1, 총5획] — 영 surely / 중 必 bì / 일 キ·ゴ(あう·ちぎる)

改 고칠 개 [攴3, 총7획] — 영 improve / 중 改 gǎi / 일 カイ(あらためる)

271 悅人讚者 열인찬자 남의 칭찬을 좋아하는 자는

悅 [中3II급] 기쁠 열 [心7, 총10획] — joyful·pleased / 悦 yuè / エツ(よろこぶ)

人 [中8급] 사람 인 [人0, 총2획] — person / 人 rén / ジン·ニン(ひと)

讚 [中4급] (讃) 칭찬할 찬 [言19, 총26획] — praise / 赞 zàn / サン(たたえる) / 稱

者 [中6급] 놈 자 [老5, 총9획] — person / 者 zhě / シャ(もの)

272 百事皆僞 백사개위 온갖 일이 모두 거짓이고,

百 [中7급] 일백 백 [白1, 총6획] — hundred / 百 bǎi / ヒャク(もも)

事 [中7급] 일 사 [亅7, 총8획] — work / 事 shì / ジ(こと)

皆 [中3급] 다 개 [白4, 총9획] — all / 皆 jiē / カイ(みな)

僞 [高3급] (伪) 거짓 위 [人12, 총14획] — false / 伪 wěi / ギ(いつわる)

2단계 부부/형제(夫婦/兄弟) | 151

273 厭人責者 염인책자 남의 꾸짖음을 싫어하는 자는

| 2급 | 厭 싫을 염 [厂12, 총14획] | 厭厭厭厭厭厭厭厭厭厭厭厭厭厭 | 영 unwilling, dislike 중 厌 yàn 일 エン(あきる) |

| 中8급 | 人 사람 인 [人0, 총2획] | 人人 | 영 person 중 人 rén 일 ジン·ニン(ひと) |

| 中5급 | 責 꾸짖을 책 [貝4, 총11획] | 責責責責責責責責責責責 | 영 scold 중 责 zé 일 セキ(せめる) |

| 中6급 | 者 놈 자 [老5, 총9획] | 者者者者者者者者者 | 영 person 중 者 zhě 일 シャ(もの) |

274 其行無進 기행무진 그 행동에 진전이 없다.

| 中3Ⅱ급 | 其 그 기 [八4, 총6획] | 其其其其其其其其 | 영 it 중 其 qí 일 キ(その) |

| 中6급 | 行 다닐 행 [行0, 총6획] | 行行行行行行 | 영 go·walk 중 行 xíng 일 コウ(いく) 반 言 |

| 中5급 | 無 없을 무 [火8, 총12획] | 無無無無無無無無無無無無 | 영 nothing 중 无 wú 일 ム·ブ(ない) 반 有 |

| 中4Ⅱ급 | 進 나갈 진 [辵8, 총12획] | 進進進進進進進進 | 영 advance 중 进 jìn 일 シン(すすむ) 반 退 |

275 百足之蟲 백족지충 백 개의 다리를 가진 벌레는

百 일백 백 [白1, 총6획] — hundred 百 bǎi ヒャク(もも)

足 발 족 [足0, 총7획] — foot 足 zú ソク(あし) 반 手

之 갈 지 [丿3, 총4획] — go 之 zhī シ(ゆく·これ)

蟲 벌레 충 [虫12, 총18획] — insect 虫 chóng チュウ(むし)

276 至死不僵 지사불강 죽음에 이르러도 자빠지지 아니하며

至 이를 지 [至0, 총6획] — reach 至 zhì シ(いたる) 동 極

死 죽을 사 [歹2, 총6획] — die·kill 死 sǐ シ(しぬ) 반 活, 生

不 아닐 불 [一3, 총4획] — not 不 bù フ·ブ

僵 쓰러질 강 [人13, 총15획] — fall down 僵 jiāng キョウ(たおれる)

2단계 부부/형제(夫婦/兄弟)

277 多友之人 다우지인 친구가 많은 사람은

| 中6급 多 많을 다 [夕3, 총6획] | 多多多多多多
多 多 多 多 多 | 영 many 중 多 duō 일 タ(おおい) 반 少 |

| 中5급 友 우애 우 [又2, 총4획] | 友友友友
友 友 友 友 友 | 영 friend 중 友 yǒu 일 コウ(とも) |

| 中3II급 之 갈 지 [丿3, 총4획] | 之之之之
之 之 之 之 之 | 영 go 중 之 zhī 일 シ(ゆく·これ) |

| 中8급 人 사람 인 [人0, 총2획] | 人人
人 人 人 人 人 | 영 person 중 人 rén 일 ジン·ニン(ひと) |

278 當事無誤 당사무오 일을 당하여도 그르침이 없다.

| 中6급 當 [当] 당할 당 [田8, 총13획] | 當當當當當當當當當當當當當
當 當 當 當 當 | 영 suitable 중 当 dāng 일 トウ(あたる) |

| 中7급 事 일 사 [亅7, 총8획] | 事事事事事事事事
事 事 事 事 事 | 영 work 중 事 shì 일 ジ(こと) |

| 中5급 無 없을 무 [火8, 총12획] | 無無無無無無無無無無無無
無 無 無 無 無 | 영 nothing 중 无 wú 일 ム·ブ(ない) 반 有 |

| 中4II급 誤 잘못할 오 [言7, 총14획] | 誤誤誤誤誤誤誤誤誤誤誤誤誤誤
誤 誤 誤 誤 誤 | 영 mistake 중 误 wù 일 ゴ(あやまる) 반 正 |

279 初不擇友 초불택우 — 처음에 벗을 가리지 않고 사귀면

급수	漢字	훈음	필순	영/중/일/반·동
中5급	初	처음 초 [刀5, 총7획]	初 初 衤 衤 衤 初 初	영 beginning 중 初 chū 일 ショ(はつ) 반 終
中7급	不	아닐 불 [一3, 총4획]	一 ア 不 不	영 not 중 不 bù 일 フ・ブ
高4급 (択)	擇	가릴 택 [手13, 총16획]	扌 扌 扌 扌 扩 扩 押 押 押 捭 捭 捚 擇 擇 擇 擇	영 select 중 择 zé 일 タク(えらぶ) 동 選
中5급	友	우애 우 [又2, 총4획]	一 ナ 方 友	영 friend 중 友 yǒu 일 コウ(とも)

280 後苦絶之 후고절지 — 나중에 괴로워 친구를 끊을 것이요,

급수	漢字	훈음	필순	영/중/일/반·동
中7급	後	뒤 후 [彳6, 총9획]	後 後 後 袎 袎 後 後 後 後	영 back 중 后 hòu 일 コウ(あと) 반 前, 先
中6급	苦	괴로울 고 [艸5, 총9획]	一 十 土 廾 廾 芏 苦 苦 苦	영 painful 중 苦 kǔ 일 ク(くるしい) 반 樂, 甘
中4Ⅱ급	絶	끊을 절 [糸6, 총12획]	絶 絶 糸 糸 糸 糸 絶 絶 絶 絶	영 cut 중 绝 jué 일 ゼツ(たえる) 동 斷
中3Ⅱ급	之	갈 지 [丿3, 총4획]	之 之 之 之	영 go 중 之 zhī 일 シ(ゆく·これ)

2단계 부부/형제(夫婦/兄弟)

281 彼必大怒 피필대로 남에게 반드시 크게 성내면

彼 저 피 [彳5, 총8획] — that / 彼 bǐ / ヒ(かれ)

必 반드시 필 [心1, 총5획] — surely / 必 bì / キ・ゴ(あう・ちぎる)

大 큰 대 [大0, 총3획] — big / 大 dà / タイ(おおきい) 반 小 동 巨

怒 성낼 노 [心5, 총9획] — angry / 怒 nù / ド(いかる) 반 喜

282 反有我害 반유아해 도리어 나에게 해로움이 있을 것이다.

反 되돌릴 반 [又2, 총4획] — return / 反 fǎn / ハン(そる)

有 있을 유 [月2, 총6획] — exist / 有 yǒu / ユウ(ある) 반 無

我 나 아 [戈3, 총7획] — I·we / 我 wǒ / ガ(わ・われ)

害 해칠 해 [宀7, 총10획] — harm / 害 hài / ガイ(そこなう) 반 利

283 我益我害 아익아해   나에게 이롭고 나에게 해가 됨은

我 나 아 [戈3, 총7획] — I·we   我 wǒ   ガ(わ·われ)

益 유익할 익 [皿5, 총10획] — increase   益 yì   エキ·ヤク(ます)   反 損

我 나 아 [戈3, 총7획] — I·we   我 wǒ   ガ(わ·われ)

害 해칠 해 [宀7, 총10획] — harm   害 hài   ガイ(そこなう)   反 利

284 唯在我矣 유재아의   오직 나에게 있는 것이요,

唯 오직 유 [口8, 총11획] — only   唯 wéi   イ·ユイ(ただ)

在 있을 재 [土3, 총6획] — exist   在 zài   ザイ(ある)   存

我 나 아 [戈3, 총7획] — I·we   我 wǒ   ガ(わ·われ)

矣 어조사 의 [矢2, 총7획] — particle   矣 yǐ   イ(じとじ)

285 行不如言 행불여언 행동이 말과 같지 아니하면

行 다닐 행 [行0, 총6획] — go·walk / 行 xíng / コウ(いく) / 反 言

不 아닐 불 [一3, 총4획] — not / 不 bù / フ・ブ

如 같을 여 [女3, 총6획] — same / 如 rú / ジョ・ニョ(ごとし)

言 말씀 언 [言0, 총7획] — word / 言 yán / ゲン(こと)

286 是謂不信 시위불신 이것을 일러 불신이라고 한다.

是 옳을 시 [日5, 총9획] — right / 是 shì / ゼシ(ただしい·これ) / 동 非

謂 이를 위 [言9, 총16획] — speak of / 谓 wèi / ゴ(あやまる)

不 아닐 불 [一3, 총4획] — not / 不 bù / フ・ブ

信 믿을 신 [人7, 총9획] — believe·trust / 信 xìn / シン(まこと)

3단계 사자소학 四字小學 쓰기교본

Part III

3단계

수신(修身)

● 사자소학 ●
(287-366)

287 父子有親 부자유친
부모와 자식 사이에는 친함이 있고,

中8급	父 아비 부 [父0, 총4획]	父父父父	영 father 중 父 fù 일 フ(ちち)
中7급	子 아들 자 [子0, 총3획]	子子子	영 son 중 子 zǐ 일 シ・ス(こ) 동 態
中7급	有 있을 유 [月2, 총6획]	有有有有有有	영 exist 중 有 yǒu 일 ユウ(ある) 반 無
中6급	親 친할 친 [見9, 총16획]	親親親親親親親親親親	영 intimate 중 亲 qīn 일 シン(おや・したしい)

288 君臣有義 군신유의
임금과 신하 사이에는 의리가 있으며,

中4급	君 임금 군 [口4, 총7획]	君君君君君君君	영 king 중 君 jūn 일 クン(きみ) 반 臣
中5급	臣 신하 신 [臣0, 총6획]	臣臣臣臣臣臣	영 minister 중 臣 shén 일 シン(たみ) 반 君
中7급	有 있을 유 [月2, 총6획]	有有有有有有	영 exist 중 有 yǒu 일 ユウ(ある) 반 無
中4Ⅱ급	義 옳을 의 [羊7, 총13획]	義義義義義義義義義義義義義	영 righteous 중 义 yì 일 ギ(よし)

289 夫婦有別 부부유별
남편과 아내 사이에는 분별이 있으며,

290 長幼有序 장유유서
어른과 아이 사이에는 차례가 있으며,

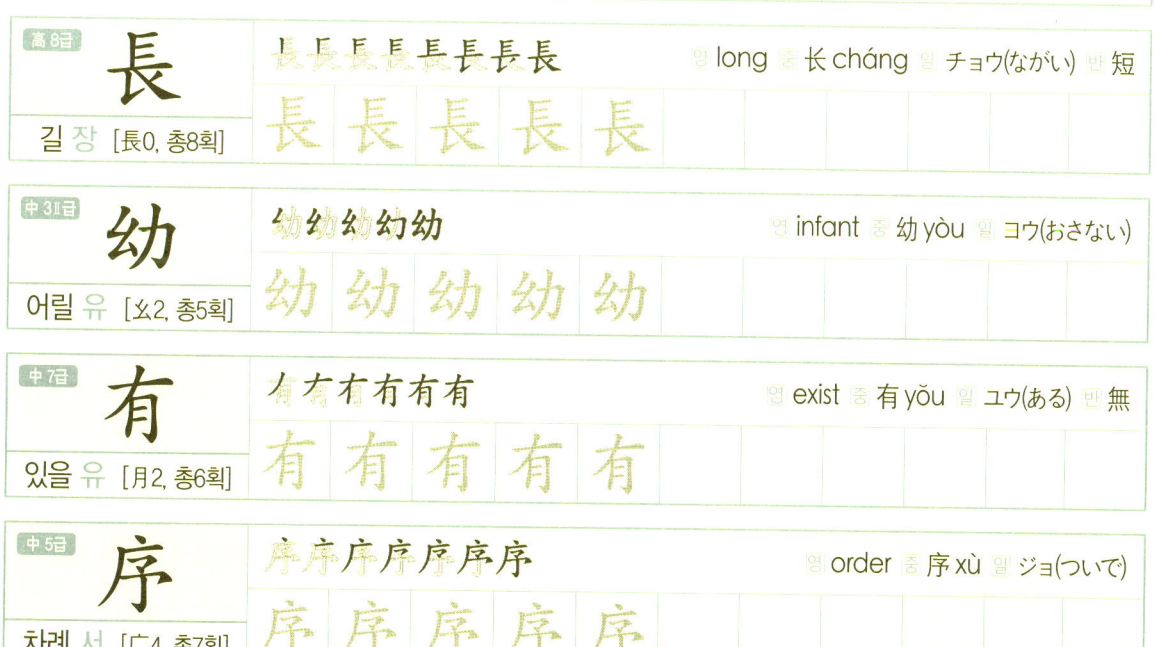

291 朋友有信 붕우유신
벗과 벗 사이에는 신의가 있으니,

朋 벗 붕 [月4, 총8획] — 中3급
朋朋朋朋朋朋朋朋
영 friend 중 朋 péng 일 ホウ(とも)

友 우애 우 [又2, 총4획] — 中5급
友友友友
영 friend 중 友 yǒu 일 コウ(とも)

有 있을 유 [月2, 총6획] — 中7급
有有有有有有
영 exist 중 有 yǒu 일 ユウ(ある) 반 無

信 믿을 신 [人7, 총9획] — 中6급
信信信信信信信信信
영 believe·trust 중 信 xìn 일 シン(まこと)

292 是謂五倫 시위오륜
이것을 일러 오륜이라고 한다.

是 옳을 시 [日5, 총9획] — 中4Ⅱ급
是是是是是是是是是
영 right 중 是 shì 일 ゼ·シ(ただしい·これ) 동 非

謂 이를 위 [言9, 총16획] — 高3Ⅱ급
謂謂謂謂謂謂謂謂謂謂謂謂謂
영 speak of 중 谓 wèi 일 ゴ(あやまる)

五 다섯 오 [二2, 총4획] — 中8급
五五五五
영 five 중 五 wǔ 일 ゴ(いつつ)

倫 인륜 륜 [人8, 총10획] — 中3Ⅱ급
倫倫倫倫倫倫倫倫倫倫
영 morals 중 伦 lùn 일 リン(みち·たぐい)

293 君爲臣綱 군위신강 — 임금은 신하의 벼리가 되고,
※ 벼리 : 일이나 글의 가장 중심이 되는 줄거리

君 임금 군 [口4, 총7획] — ㄱㄱㄱ尹君君君 — 영 king 중 君 jūn 일 クン(きみ) 반 臣

爲 할 위 [爪8, 총12획] — 영 do 중 为 wèi 일 イ(なす·ため)

臣 신하 신 [臣0, 총6획] — 영 minister 중 臣 shén 일 シン(たみ) 반 君

綱 벼리 강 [糸8, 총14획] — 영 outline 중 纲 gāng 일 コウ(つな)

294 父爲子綱 부위자강 — 아버지는 자식의 벼리가 되며,

父 아비 부 [父0, 총4획] — 영 father 중 父 fù 일 フ(ちち)

爲 할 위 [爪8, 총12획] — 영 do 중 为 wèi 일 イ(なす·ため)

子 아들 자 [子0, 총3획] — 영 son 중 子 zǐ 일 シ·ス(こ) 동 態

綱 벼리 강 [糸8, 총14획] — 영 outline 중 纲 gāng 일 コウ(つな)

295 夫爲婦綱 부위부강 남편은 아내의 벼리가 되니,

中7급	夫 지아비 부 [大1, 총4획]	夫夫夫夫	영 husband 중 夫 fū 일 フ・フウ (おっと) 반 婦
中4II급	爲 (为) 할 위 [爪8, 총12획]	爲爲爲爲爲爲爲爲爲	영 do 중 为 wèi 일 イ (なす・ため)
中4II급	婦 아내 부 [女8, 총11획]	婦婦婦婦婦婦婦婦婦	영 wife 중 妇 fù 일 フ (おんな) 반 夫
高3II급	綱 벼리 강 [糸8, 총14획]	綱綱綱綱綱綱綱綱綱綱綱綱綱	영 outline 중 纲 gāng 일 コウ (つな)

296 是謂三綱 시위삼강 이것을 일러 삼강이라고 한다.

급수	한자	쓰기	영/중/일/동
中4II급	是 옳을 시 [日5, 총9획]	是是是是是是是是是	영 right 중 是 shì 일 ゼシ (ただしい・これ) 동 非
高3II급	謂 이를 위 [言9, 총16획]	謂謂謂謂謂謂謂謂謂謂謂謂	영 speak of 중 谓 wèi 일 ゴ (あやまる)
中8급	三 석 삼 [一2, 총3획]	三三三	영 three 중 三 sān 일 サン (みつつ)
高3II급	綱 벼리 강 [糸8, 총14획]	綱綱綱綱綱綱綱綱綱綱綱	영 outline 중 纲 gāng 일 コウ (つな)

297 人所以貴 인소이귀 사람이 귀한 이유는

人 사람 인 [人0, 총2획] — person · 人 rén · ジン·ニン(ひと)

所 바 소 [戶4, 총8획] — place · 所 suǒ · リク(あやまる)・處

以 써 이 [人3, 총5획] — with·by · 以 yǐ · イ(もって)

貴 귀할 귀 [貝5, 총12획] — noble · 贵 guì · キ(とうとい)

298 以其倫綱 이기륜강 오륜과 삼강 때문이다.

以 써 이 [人3, 총5획] — with·by · 以 yǐ · イ(もって)

其 그 기 [人6, 총8획] — it · 其 qí · キ(その)

倫 인륜 륜 [人8, 총10획] — morals · 伦 lùn · リン(みち·たぐい)

綱 벼리 강 [糸8, 총14획] — outline · 纲 gāng · コウ(つな)

299 足容必重 족용필중 — 발의 동작은 반드시 무겁게 하며,

※ 용모 : 모양, 모습, 생김새, 몸가짐, 행동

足 발 족 [足0, 총7획] — 中7급
영 foot 중 足 zú 일 ソク(あし) 반 手

容 모습 용 [宀7, 총10획] — 中3Ⅱ급
영 face 중 容 róng 일 ヨウ(いれる)

必 반드시 필 [心1, 총5획] — 中5급
영 surely 중 必 bì 일 キ・ゴ(あう・ちぎる)

重 무거울 중 [里2, 총9획] — 中7급
영 heavy 중 重 zhòng 일 ジュウ(かさなる)

300 手容必恭 수용필공 — 손은 반드시 공손하게 하며,

手 손 수 [手0, 총4획] — 中7급
영 hand 중 手 shǒu 일 シュ(て) 반 足

容 모습 용 [宀7, 총10획] — 中3Ⅱ급
영 face 중 容 róng 일 ヨウ(いれる)

必 반드시 필 [心1, 총5획] — 中5급
영 surely 중 必 bì 일 キ・ゴ(あう・ちぎる)

恭 공손할 공 [心6, 총10획] — 高3Ⅱ급
영 respectful 중 恭 gōng 일 キョウ(うやうやしい)

301 目容必端 목용필단 눈은 반드시 단정히 하며,

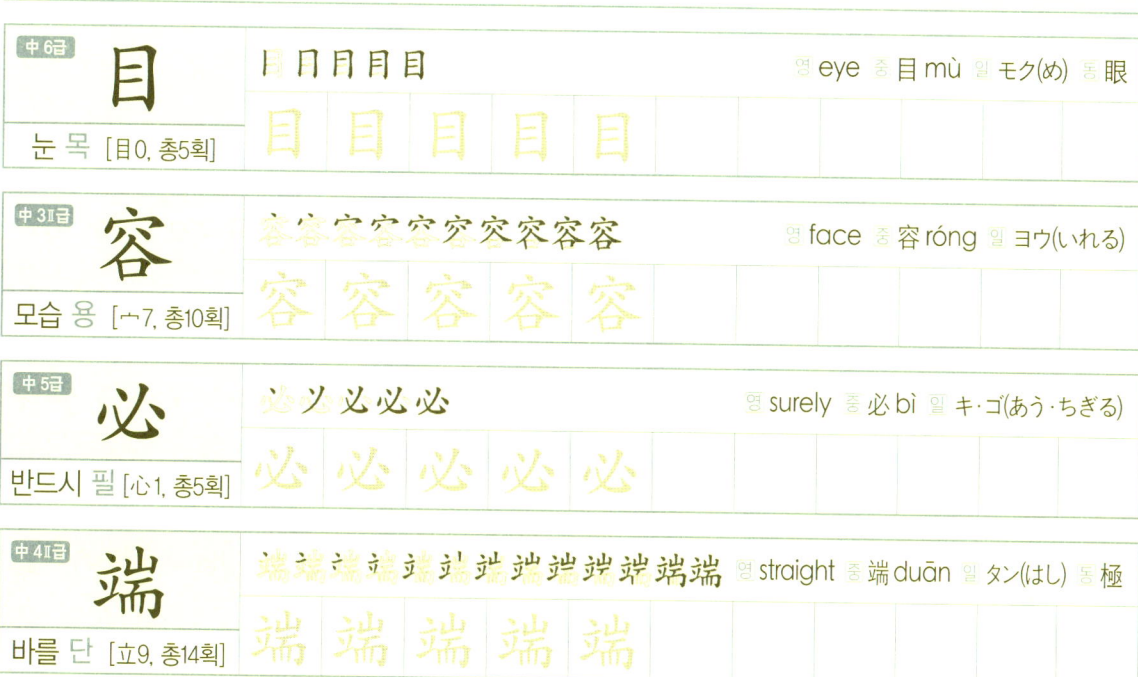

302 口容必止 구용필지 입은 반드시 다물고

303 聲容必靜 성용필정 목소리는 반드시 조용하게 하며,

聲 소리 성 [耳11, 총17획] — voice / 声 shēng / セイ(こえ) / 音

容 얼굴 용 [宀7, 총10획] — face / 容 róng / ヨウ(いれる)

必 반드시 필 [心1, 총5획] — surely / 必 bì / キ・ゴ(あう・ちぎる)

靜 고요할 정 [靑8, 총16획] — quiet / 静 jìng / セイ(しず) / 動

304 頭容必直 두용필직 머리의 용모는 반드시 곧게 하며,

頭 머리 두 [頁7, 총16획] — head / 头 tóu / トウ(あたま)

容 얼굴 용 [宀7, 총10획] — face / 容 róng / ヨウ(いれる)

必 반드시 필 [心1, 총5획] — surely / 必 bì / キ・ゴ(あう・ちぎる)

直 곧을 직 [目3, 총8획] — straight / 直 zhí / チョク(なお) / 曲

305 氣容必肅 기용필숙
숨쉴 때는 반드시 엄숙히 하며,

氣 기운 기 [气6, 총10획] — air 气 qì キ

容 얼굴 용 [宀7, 총10획] — face 容 róng ヨウ(いれる)

必 반드시 필 [心1, 총5획] — surely 必 bì キ・ゴ(あう・ちぎる)

肅 엄숙할 숙 [聿7, 총13획] — solem 肃 sù シュク

306 立容必德 입용필덕
서 있는 모습은 반드시 덕이 있게 하며,

立 설 립 [立0, 총5획] — stand 立 lì リツ(たてる)

容 얼굴 용 [宀7, 총10획] — face 容 róng ヨウ(いれる)

必 반드시 필 [心1, 총5획] — surely 必 bì キ・ゴ(あう・ちぎる)

德 덕 덕 [彳12, 총15획] — virtue 德 dé トク

307 色容必莊 색용필장 얼굴은 반드시 씩씩하게 할 것이니,

色 빛 색 [色0, 총6획] — 中7급
영 color 중 色 sè 일 ショク(いろ)

容 얼굴 용 [宀7, 총10획] — 中3Ⅱ급
영 face 중 容 róng 일 ヨウ(いれる)

必 반드시 필 [心1, 총5획] — 中5급
영 surely 중 必 bì 일 ヒ・ゴ(あう・ちぎる)

莊 씩씩할 장 [艸7, 총11획] — 高3Ⅱ급
영 spirited 중 庄 zhuāng 일 ソウ(おごそか)

308 是曰九容 시왈구용 이것을 말해서 구용이라고 한다.

是 옳을 시 [日5, 총9획] — 中4Ⅱ급
영 right 중 是 shì 일 ゼシ(ただしい・これ) 동 非

曰 가로 왈 [日0, 총4획] — 中3급
영 speak 중 曰 yuē 일 エツ(いわく)

九 아홉 구 [乙1, 총2획] — 中8급
영 nine 중 九 jiǔ 일 キユウ・ク(ここのつ)

容 얼굴 용 [宀7, 총10획] — 中3Ⅱ급
영 face 중 容 róng 일 ヨウ(いれる)

309 視必思明 시필사명
볼 때에는 반드시 밝게 볼 것을 생각하며,

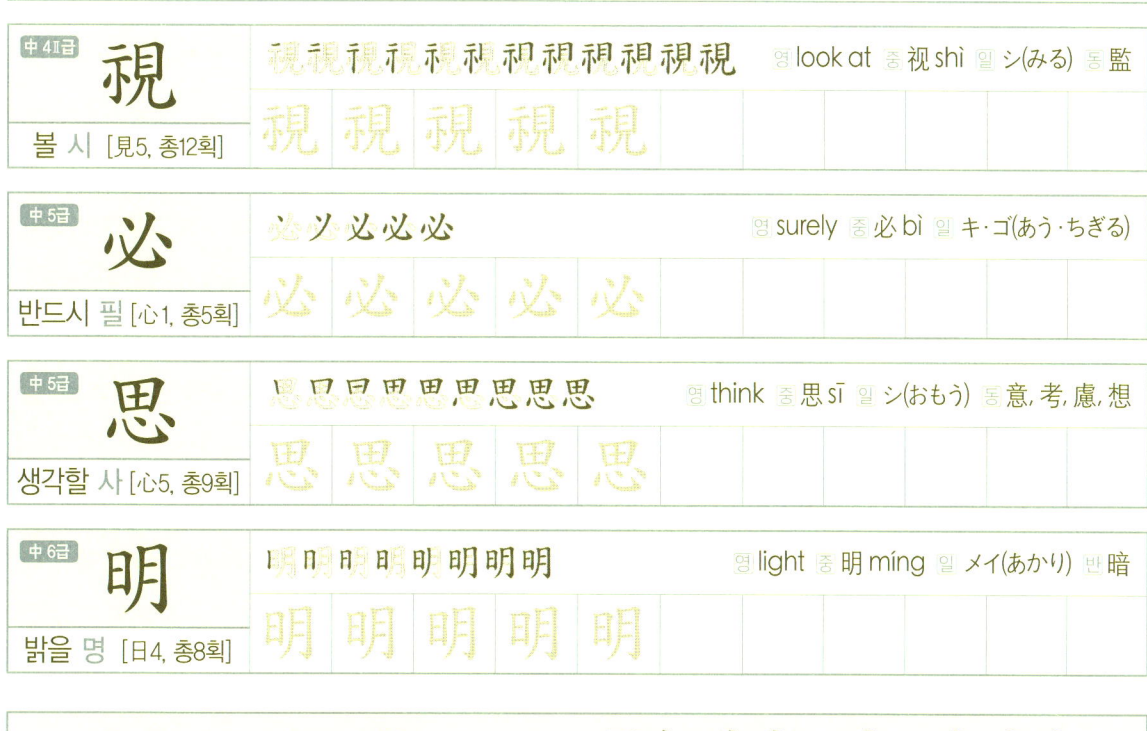

310 聽必思聰 청필사총
들을 때에는 반드시 밝게 들을 것을 생각하며,

311 色必思溫 색필사온
얼굴빛은 반드시 온화하게 할 것을 생각하며,

| 中7급 色 빛 색 [色0, 총6획] | 色色色色色色 | 영 color 중 色 sè 일 ショク(いろ) |

| 中5급 必 반드시 필 [心1, 총5획] | 必必必必必 | 영 surely 중 必 bì 일 キ・ゴ(あう・ちぎる) |

| 中5급 思 생각할 사 [心5, 총9획] | 思思思思思思思思思 | 영 think 중 思 sī 일 シ(おもう) 동 意, 考, 慮, 想 |

| 中6급 溫 [温] 따뜻할 온 [水10, 총13획] | 溫溫溫溫溫溫溫溫溫溫溫溫溫 | 영 warm 중 温 wēn 일 オン(あたたか) 반 冷 동 暖 |

312 貌必思恭 모필사공
용모는 반드시 공손하게 할 것을 생각하며,

| 高3II급 貌 얼굴 모 [豸7, 총14획] | 貌貌貌貌貌貌貌貌貌貌貌貌貌貌 | 영 appearance 중 貌 mào 일 ボウ(かたち) |

| 中5급 必 반드시 필 [心1, 총5획] | 必必必必必 | 영 surely 중 必 bì 일 キ・ゴ(あう・ちぎる) |

| 中5급 思 생각할 사 [心5, 총9획] | 思思思思思思思思思 | 영 think 중 思 sī 일 シ(おもう) 동 意, 考, 慮, 想 |

| 高3II급 恭 공손할 공 [心6, 총10획] | 恭恭恭恭恭恭恭恭恭恭 | 영 respectful 중 恭 gōng 일 キョウ(うやうやしい) |

313 言必思忠 언필사충   말은 반드시 성실하게 할 것을 생각하고,

| 中6급 | 言 말씀 언 [言0, 총7획] | 丶亠亠言言言言 | word | 言 yán | ゲン(こと) |

| 中5급 | 必 반드시 필 [心1, 총5획] | 丶丿必必必 | surely | 必 bì | キ・ゴ(あう・ちぎる) |

| 中5급 | 思 생각할 사 [心5, 총9획] | 丨口曰田用思思思思 | think | 思 sī | シ(おもう) | 意, 考, 慮, 想 |

| 中4Ⅱ급 | 忠 충성 충 [心4, 총8획] | 丨口口中忠忠忠忠 | loyalty | 忠 zhōng | チュウ(まごころ) |

314 事必思敬 사필사경   일은 반드시 공손하게 할 것을 생각하며,

| 中7급 | 事 일 사 [亅7, 총8획] | 一戸戸戸写写写事 | work | 事 shì | ジ(こと) |

| 中5급 | 必 반드시 필 [心1, 총5획] | 丶丿必必必 | surely | 必 bì | キ・ゴ(あう・ちぎる) |

| 中5급 | 思 생각할 사 [心5, 총9획] | 丨口曰田思思思思 | think | 思 sī | シ(おもう) | 意, 考, 慮, 想 |

| 中5급 | 敬 공경할 경 [攴9, 총13획] | 艹艹艹艿苟苟苟苟敬敬敬 | respect | 敬 jìng | ケイ(うやまう) |

315 疑必思問 의필사문
의심나는 것은 반드시 물을 것을 생각하며,

疑 의심할 의 [疋9, 총14획] — 영 doubt 중 疑 yí 일 ギ(うたがう)

必 반드시 필 [心1, 총5획] — 영 surely 중 必 bì 일 ヒ·ゴ(あう·ちぎる)

思 생각할 사 [心5, 총9획] — 영 think 중 思 sī 일 シ(おもう) 동 意, 考, 慮, 想

問 물을 문 [口8, 총11획] — 영 ask 중 问 wèn 일 モン(とう) 반 答

316 忿必思難 분필사난
분노가 날 때에는 반드시 후환을 생각하며,

忿 성낼 분 [心4 총8획] — 영 anger 중 fèn 일 フン(いかる)

必 반드시 필 [心1, 총5획] — 영 surely 중 必 bì 일 ヒ·ゴ(あう·ちぎる)

思 생각할 사 [心5, 총9획] — 영 think 중 思 sī 일 シ(おもう) 동 意, 考, 慮, 想

難 어려울 난 [隹11, 총19획] — 영 difficult 중 难 nán 일 ナン(むずかしい) 반 易

317 見得思義 견득사의 얻을 것을 보면 의를 생각해야 하니,

中5급 見 볼 견 [見0, 총7획]
丨 冂 冃 月 目 貝 見
영 see 중 見 jiàn 일 ケン(みる)

中4Ⅱ급 得 얻을 득 [彳8, 총11획]
彳 彳 彳 彳 得 得 得 得 得 得 得
영 get 중 得 dé 일 トク(える) 반 失

中5급 思 생각할 사 [心5, 총9획]
丨 冂 甲 田 田 思 思 思 思
영 think 중 思 sī 일 シ(おもう) 동 意, 考, 慮, 想

中4Ⅱ급 義 옳을 의 [羊7, 총13획]
義 義 義 義 義 美 美 羔 羔 義 義 義 義
영 righteous 중 义 yì 일 ギ(よし)

318 是曰九思 시왈구사 이것을 말해서 구사라고 한다.

中4Ⅱ급 是 옳을 시 [日5, 총9획]
丨 日 日 日 旦 旦 昰 昰 是
영 right 중 是 shì 일 ゼシ(ただしい·これ) 동 非

中3급 曰 가로 왈 [曰0, 총4획]
丨 冂 日 曰
영 speak 중 曰 yuē 일 エツ(いわく)

中8급 九 아홉 구 [乙1, 총2획]
丿 九
영 nine 중 九 jiǔ 일 キユウ·ク(ここのつ)

中5급 思 생각할 사 [心5, 총9획]
丨 冂 甲 田 田 思 思 思 思
영 think 중 思 sī 일 シ(おもう) 동 意, 考, 慮, 想

319 非禮勿視 비례물시 예가 아니면 보지 말며,

非 아닐 비 [非0, 총8획] — not / 非 fēi / ヒ(あらず) / 반 是

禮 (礼) 예도 례 [示13, 총18획] — courtesy / 礼 lǐ / レイ

勿 말 물 [勹2, 총4획] — don't / 勿 wù / モツ・モチ(なかれ)

視 볼 시 [見5, 총12획] — look at / 视 shì / シ(みる) / 동 監

320 非禮勿聽 비례물청 예가 아니면 듣지 말며,

非 아닐 비 [非0, 총8획] — not / 非 fēi / ヒ(あらず) / 반 是

禮 (礼) 예도 례 [示13, 총18획] — courtesy / 礼 lǐ / レイ

勿 말 물 [勹2, 총4획] — don't / 勿 wù / モツ・モチ(なかれ)

聽 (聴) 들을 청 [耳16, 총22획] — hear / 听 tīng / チョウ(きく) / 동 聞

321 非禮勿言 비례물언 예가 아니면 말하지 말며,

非 아닐 비 [非0, 총8획]
丿 ナ ナ ヨ 非 非 非 非
not 非 fēi ヒ(あらず) 是

禮 (礼) 예도 례 [示13, 총18획]
示 禮 禮 禮 禮 禮 禮 禮 禮 禮 禮
courtesy 礼 lǐ レイ

勿 말 물 [勹2, 총4획]
勿 勹 勹 勿
don't 勿 wù モツ・モチ(なかれ)

言 말씀 언 [言0, 총7획]
言 言 言 言 言 言 言
word 言 yán ゲン(こと)

322 非禮勿動 비례물동 예가 아니면 움직이지 말아야 한다.

非 아닐 비 [非0, 총8획]
丿 ナ ナ ヨ 非 非 非 非
not 非 fēi ヒ(あらず) 是

禮 (礼) 예도 례 [示13, 총18획]
示 禮 禮 禮 禮 禮 禮 禮 禮 禮 禮
courtesy 礼 lǐ レイ

勿 말 물 [勹2, 총4획]
勿 勹 勹 勿
don't 勿 wù モツ・モチ(なかれ)

動 움직일 동 [力9, 총11획]
動 動 旨 旨 旨 旨 重 重 動 動
move 动 dòng ドウ(うごかす) 靜

323 行必正直 행필정직 행동은 반드시 바르고 곧게 하고

行 다닐 행 [行0, 총6획] — go·walk | 行 xíng | コウ(いく) | 반 言

必 반드시 필 [心1, 총5획] — surely | 必 bì | キ・ゴ(あう・ちぎる)

正 바를 정 [止1, 총5획] — straight | 正 zhèng | セイ(ただしい)

直 곧을 직 [目3, 총8획] — straight | 直 zhí | チョク(なお) | 반 曲

324 言則信實 언즉신실 말은 미덥고 성실하게 하며,

言 말씀 언 [言0, 총7획] — word | 言 yán | ゲン(こと)

則 곧 즉 [刀7, 총9획] — at once | 则 zé | ソク(のり)

信 믿을 신 [人7, 총9획] — believe·trust | 信 xìn | シン(まこと)

實 (実) 열매 실 [宀11, 총14획] — fruit | 实 shí | ジツ(みのる) | 반 虛 | 동 果

325 容貌端正 용모단정 용모는 단정하게 하고

級	漢字	筆順	뜻	中	日
中 3II급	容 모습 용 [宀7, 총10획]	容容容容容容容容容容	face	容 róng	ヨウ(いれる)
高 3II급	貌 얼굴 모 [豸7, 총14획]	貌貌貌貌貌貌貌貌貌貌貌貌貌貌	appearance	貌 mào	ボウ(かたち)
中 4II급	端 바를 단 [立9, 총14획]	端端端端端端端端端端端端端端	straight	端 duān	タン(はし) 極
中 7급	正 바를 정 [止1, 총5획]	正正正正正	straight	正 zhèng	セイ(ただしい)

326 衣冠整齊 의관정제 의관은 바르고 가지런하게 하라.

級	漢字	筆順	뜻	中	日
中 6급	衣 옷 의 [衣0, 총6획]	衣衣衣衣衣衣	clothing	衣 yī	イ(ころも) 服
高 3II급	冠 갓 관 [冖7, 총9획]	冠冠冠冠冠冠冠冠冠	crown	官 guān	カン(かんむり)
高 4급	整 가지런할 정 [攴12, 총16획]	整整整整整整整整整整整整整整整整	arrange	整 zhěng	ヒイ(ととのう) 治
高 3II급	齊 (斉) 가지런할 제 [齊0, 총14획]	齊齊齊齊齊齊齊齊齊齊齊齊齊齊	arrange	齐 qí	セイ(ひとしい)

327 居處必恭 거처필공 — 거처할 때에는 반드시 공손히 하고

居 [中4급] 살 거 [尸5, 총8획] — 영 live / 중 居 jū / 일 キョ(いる·おる) / 동 住

處 (処) [中4Ⅱ급] 살 처 [虍5, 총11획] — 영 place / 중 处 chù / 일 ショ(おる) / 동 所

必 [中5급] 반드시 필 [心1, 총5획] — 영 surely / 중 必 bì / 일 ヒ·ゴ(あう·ちぎる)

恭 [高3Ⅱ급] 공손할 공 [心6, 총10획] — 영 respectful / 중 恭 gōng / 일 キョウ(うやうやしい)

328 步履安詳 보리안상 — 걸음걸이는 편안하고 침착히 하라.

步 [中4Ⅱ급] 걸음 보 [止3, 총7획] — 영 walk / 중 步 bù / 일 ホ·ブ(あるく)

履 [高3Ⅱ급] 신 리 [尸12, 총15획] — 영 shoes / 중 履 lǚ / 일 リ(くつ·ふむ)

安 [中7급] 편안할 안 [宀3, 총6획] — 영 peaceful / 중 安 ān / 일 アン(やすい) / 반 危

詳 [高3Ⅱ급] 자세할 상 [言6, 총13획] — 영 detail / 중 详 xiáng / 일 ショウ(くわしい)

329 作事謀始 작사모시
일을 할 때에는 시작을 잘 계획하고

作 지을 작 [人5, 총7획]
ノ亻亻亻作作作
영 make 중 作 zuò 일 サ·サク(つくる) 반 製

事 일 사 [亅7, 총8획]
一一一一写写写事
영 work 중 事 shì 일 ジ(こと)

謀 꾀 모 [言9, 총16획]
言言言計計計計詳謀謀
영 plot 중 谋 móu 일 ボウ(はかる)

始 처음 시 [女5, 총8획]
く女女女妈始始始
영 begin 중 始 shǐ 일 シ(はじめ) 반 終, 初

330 出言顧行 출언고행
말을 할 때에는 행실을 돌아 보라.

出 날 출 [凵3, 총5획]
⼁屮出出出
영 come out 중 出 chū 일 シュツ(でる) 반 缺

言 말씀 언 [言0, 총7획]
丶一亍言言言言
영 word 중 言 yán 일 ゲン(こと)

顧 돌아볼 고 [頁12, 총21획]
丶广广广庐庐雇雇雇顧顧顧
영 look after 중 顾 gù 일 コ(かえりみる)

行 다닐 행 [行0, 총6획]
行行行行行行
영 go·walk 중 行 xíng 일 コウ(いく) 반 言

331 常德固持 상덕고지 항상 덕을 굳게 지키고

常 항상 상 [巾8, 총11획] — always / 常 cháng / ジョウ(とこ) / 반 班

德 덕 덕 [彳12, 총15획] — virtue / 德 dé / トク

固 굳을 고 [口5, 총8획] — hard·firm / 固 gù / コ(かためる) / 동 堅

持 가질 지 [手6, 총9획] — hold / 持 chí / チ·ジ(もつ)

332 然諾重應 연락중응 승낙을 할 때에는 신중히 대답하라.

然 그러할 연 [火8, 총12획] — yes·so / 然 rán / ゼン(しかり)

諾 대답할 락 [言9, 총16획] — answer / 诺 nuò / ダク(こたえあう)

重 무거울 중 [里2, 총9획] — heavy / 重 zhòng / ジュウ(かさなる)

應 (応) 응할 응 [心13, 총17획] — reply / 应 yìng / オウ(こたえる)

333 飮食愼節 음식신절 — 먹고 마실 때에는 삼가고 절제하고

飮 마실 음 [食4, 총13획] — drink · 饮 yǐn · イン(のむ)

食 밥 식 [食0, 총9획] — eat·meal · 食 shí · ショク(たべる)

愼 삼갈 신 [心10, 총13획] — careful · 慎 shèn · シン(つつしむ)

節 마디 절 [竹9, 총15획] — joint · 节 jié · セツ(ふし)

334 言語恭遜 언어공손 — 언어를 공손히 하라.

言 말씀 언 [言0, 총7획] — word · 言 yán · ゲン(こと)

語 말씀 어 [言7, 총14획] — words · 语 yǔ · ゴ・ギョ(かたる) · 言

恭 공손할 공 [心6, 총10획] — respectful · 恭 gōng · キョウ(うやうやしい)

遜 겸손할 손 [辶10, 총14획] — modest · 逊 xùn · ソン(へりくだる)

3단계 수신(修身) | 183

335 德業相勸 덕업상권 — 덕이 되는 일은 서로 권장하고,

德 덕 덕 [彳12, 총15획] — 영 virtue / 중 德 dé / 일 トク

業 일 업 [木9, 총13획] — 영 business / 중 业 yè / 일 ギョウ(わざ)

相 서로 상 [目4, 총9획] — 영 mutually / 중 相 xiàng / 일 ショウ(あい)

勸(勧) 권할 권 [力18, 총20획] — 영 advise / 중 劝 quàn / 일 カン(すすめる)

336 過失相規 과실상규 — 과실은 서로 타이르며,

過 허물 과 [辶9, 총13획] — 영 excess / 중 过 guò / 일 カ(すぎる) / 반 功 / 동 誤

失 잃을 실 [大2, 총5획] — 영 lose / 중 失 shī / 일 シツ(うしなう) / 반 得 / 동 過

相 서로 상 [目4, 총9획] — 영 mutually / 중 相 xiàng / 일 ショウ(あい)

規 법 규 [見4, 총11획] — 영 rule / 중 规 guī / 일 キ(のり)

337 禮俗相交 예속상교 서로 사귐에 예의를 지키고,

禮 예도 례 [示13, 총18획] — courtesy / 礼 lǐ / レイ

俗 풍속 속 [人7, 총9획] — custom / 俗 sú / ゾク

相 서로 상 [目4, 총9획] — mutually / 相 xiàng / ショウ(あい)

交 사귈 교 [亠4, 총6획] — associate / 交 jiāo / コウ(まじわる)

338 患難相恤 환난상휼 재앙과 어려운 일은 서로 도와줘라.

患 걱정 환 [心7, 총11획] — anxiety / 患 huàn / カン(うれえる)

難 어려울 난 [隹11, 총19획] — difficult / 难 nán / ナン(むずかしい) / 易

相 서로 상 [目4, 총9획] — mutually / 相 xiàng / ショウ(あい)

恤 동정할 휼 [心6, 총9획] — compassion / xù / ジュツ(あわれむ)

339 貧窮困厄 빈궁곤액 — 빈궁(가난)과 재액이 있을 때에는

中4Ⅱ급	貧 가난할 빈 [貝4, 총11획]	貧貧貧貧貧貧貧貧貧貧貧	영 poor 중 贫 pín 일 ヒン(まずしい) 반 富
高4급	窮 다할 궁 [穴10, 총15획]	窮窮窮窮窮窮窮窮窮窮窮	영 finish 중 穷 qióng 일 キュウ(きわまる) 동 貧
中4급	困 괴로울 곤 [口4, 총7획]	困困困困困困困	영 distress 중 困 kùn 일 コン(こまる)
高3급	厄 재앙 액 [厂2, 총4획]	厄厄厄厄	영 calamity 중 厄 è 일 ユウ(うれえる)

340 親戚相救 친척상구 — 친척들이 서로 구원해 주며,

中6급	親 친할 친 [見9, 총16획]	親親親親親親親親親親親	영 intimate 중 亲 qīn 일 シン(おや・したしい)
高3Ⅱ급	戚 겨레 척 [戈7, 총11획]	戚戚戚戚戚戚戚戚戚戚戚	영 relative 중 戚 qī 일 セキ(みうち)
中5급	相 서로 상 [目4, 총9획]	相相相相相相相相相	영 mutually 중 相 xiāng 일 ショウ(あい)
中5급	救 구원할 구 [攴7, 총11획]	救救救救救救救救救救救	영 relieve 중 救 jiù 일 キュウ(すくう) 반 濟

341 婚姻死喪 혼인사상 혼인과 초상에는

婚 혼인할 혼 [女8, 총11획] — 中 4급
ㄑ 女 女 妒 妒 妒 妊 娇 婚 婚 婚
영 marry 중 婚 hūn 일 コン

姻 혼인 인 [女6, 총9획] — 高 3급
ㄑ 女 女 如 如 妍 姻 姻 姻
영 marriage 중 姻 yīn 일 イン(よめいり)

死 죽을 사 [歹2, 총6획] — 中 6급
死 死 死 死 死 死
영 die·kill 중 死 sǐ 일 シ(しぬ) 통 活, 生

喪 죽을 상 [口9, 총12획] — 中 3Ⅱ급
喪 喪 喪 喪 喪 喪 喪 喪 喪 喪 喪 喪
영 mourning 중 喪 sāng 일 ソウ(うしなう)

342 隣保相助 인보상조 이웃끼리 서로 도와라.

隣 이웃 린 [阜12, 총15획] — 高 3급
ㄱ ㄱ ㄱ ㄱ ㄲ ㄲ 陜 陜 陙 陙 隣 隣
영 neighbor 중 邻 lín 일 リン(となる)

保 지킬 보 [人7, 총9획] — 中 4Ⅱ급
ㄑ ㄑ ㄑ 仔 仔 仔 仔 保 保
영 keep 중 保 bǎo 일 ホウ(たもつ) 통 守

相 서로 상 [目4, 총9획] — 中 5급
一 十 才 木 机 相 相 相 相
영 mutually 중 相 xiàng 일 ショウ(あい)

助 도울 조 [力5, 총7획] — 中 4Ⅱ급
l Π Ħ 且 且 助 助
영 help 중 助 zhù 일 ジョ(たすける)

343 修身齊家 수신제가 자기 몸과 마음을 닦고 집안을 가지런히 하는 것은

修 닦을 수 [人8, 총10획] — 영 cultivate / 중 修 xiū / 일 シュウ(おさめる)

身 몸 신 [身0, 총7획] — 영 body / 중 身 shēn / 일 シン(み) / 반 心 / 동 體, 肉

齊 (齐) 가지런할 제 [齊0, 총14획] — 영 arrange / 중 齐 qí / 일 セイ(ひとしい)

家 집 가 [宀7, 총10획] — 영 house / 중 家 jiā / 일 カ·ケ(いえ) / 동 宅, 屋

344 治國之本 치국지본 나라를 다스리는 근본이고

治 다스릴 치 [水5, 총8획] — 영 govern / 중 治 zhì / 일 ジ(おさめる) / 동 政

國 (国) 나라 국 [口8, 총11획] — 영 country / 중 国 guó / 일 コク(くに)

之 갈 지 [丿3, 총4획] — 영 go / 중 之 zhī / 일 シ(ゆく·これ)

本 근본 본 [木1, 총5획] — 영 origin / 중 本 běn / 일 ホン(もと) / 반 末 / 동 根

345 讀書勤儉 독서근검
책을 읽으며 검소하게 살기에 힘쓰는 것은

讀 읽을 독 [言15, 총22획] — read / 读 dú / ドク(よむ)

書 글 서 [曰6, 총10획] — writing / 书 shū / ショ(かく)

勤 부지런할 근 [力11, 총13획] — diligent / 勤 qín / キン(つとめる)

儉 검소할 검 [人13, 총15획] — thrifty / 俭 jiǎn / ケン(つづしやか)

346 起家之本 기가지본
집안을 일으키는 근본이다.

起 일어날 기 [走3, 총10획] — rise / 起 qǐ / キ(おきる) / 伏, 寢

家 집 가 [宀7, 총10획] — house / 家 jiā / カ·ケ(いえ) / 宅, 屋

之 갈 지 [丿3, 총4획] — go / 之 zhī / シ(ゆく·これ)

本 근본 본 [木1, 총5획] — origin / 本 běn / ホン(もと) / 末, 根

3단계 수신(修身) | 189

347 忠信慈祥 충신자상 충실하고 신용 있고 자상하며

忠 충성 충 [心4, 총8획] — 中4Ⅱ급
영 loyalty 중 忠 zhōng 일 チュウ(まごころ)

信 믿을 신 [人7, 총9획] — 中6급
영 believe·trust 중 信 xìn 일 シン(まこと)

慈 사랑할 자 [心10, 총14획] — 中3Ⅱ급
영 mercy 중 慈 cí 일 ジ(いつくしむ)

祥 상서로울 상 [示6, 총11획] — 高3급
영 lucky 중 祥 xiáng 일 ショウ(めでたい)

348 溫良恭儉 온량공검 온순하고 어질고 공손하고 검소하게 하라.

溫 (温) 따뜻할 온 [水10, 총13획] — 中6급
영 warm 중 温 wēn 일 オン(あたたか) 반 冷 동 暖

良 좋을 량 [艮0, 총7획] — 中5급
영 good 중 良 liáng 일 リョウ(かて)

恭 공손할 공 [心6, 총10획] — 高3Ⅱ급
영 respectful 중 恭 gōng 일 キョウ(うやうやしい)

儉 (俭) 검소할 검 [人13, 총15획] — 高4급
영 thrifty 중 俭 jiǎn 일 ケン(つづしやか)

349 人之德行 인지덕행 사람의 덕행은

中8급	人 사람 인 [人0, 총2획]	ノ人 人人人人人	영 person 중 人 rén 일 ジン・ニン(ひと)
中3II급	之 갈 지 [ノ3, 총4획]	之之之之 之之之之之	영 go 중 之 zhì 일 シ(ゆく・これ)
中5급	德 덕 덕 [彳12, 총15획]	彳彳彳彳彳彳德德德德德德德德德 德德德德德	영 virtue 중 德 dé 일 トク
中6급	行 다닐 행 [行0, 총6획]	行行行行行行 行行行行行	영 go·walk 중 行 xíng 일 コウ(いく) 반 言

350 謙讓爲上 겸양위상 겸손과 사양이 제일이다.

高3II급	謙 겸손할 겸 [言10, 총17획]	謙謙謙謙謙謙謙謙謙謙謙 謙謙謙謙謙	영 humble 중 谦 qiān 일 ケン(へりくだる)
中3II급	讓 사양할 양 [言17, 총24획]	讓讓讓讓讓讓讓讓讓讓讓 讓讓讓讓讓	영 concede 중 让 ràng 일 ジョウ(ゆずる)
中4II급	爲 (为) 할 위 [爪8, 총12획]	爲爲爲爲爲爲爲爲爲爲爲 爲爲爲爲爲	영 do 중 为 wèi 일 イ(なす・ため)
中7급	上 위 상 [一2, 총3획]	上上上 上上上上上	영 upper 중 上 shàng 일 ジョウ(うえ) 반 下

3단계 수신(修身) | **191**

351 莫談他短 막담타단 다른 사람의 단점을 말하지 말고

莫 없을 막 [艸7, 총11획] — 中3Ⅱ급
영 not evening 중 莫 mò 일 バク(ない)

談 말씀 담 [言8, 총15획] — 中5급
영 speak 중 谈 tán 일 ダン(はなす) 동 話

他 다를 타 [人3, 총5획] — 中5급
영 different 중 他 tā 일 タ(ほか) 반 自

短 짧은 단 [矢7, 총12획] — 中6급
영 short 중 短 duǎn 일 タン(みじかい) 반 長

352 靡恃己長 미시기장 자기의 장점을 믿지 말라.

靡 쓰러질 미 [非11, 총19획] — 2급
영 sweep over 중 mí 일 ビ(なびく)

恃 믿을 시 [忄6, 총9획] — 2급
영 believe 중 shì 일 ジ(たのむ)

己 자기 기 [己0, 총3획] — 中5급
영 self 중 己 jǐ 일 コ・キ(おのれ)

長 길 장 [長0, 총8획] — 高8급
영 long 중 长 cháng 일 チョウ(ながい) 반 短

353 己所不欲 기소불욕 자기가 하고 싶지 아니한 것을

己 자기 기 [己0, 총3획]
ㄱㄱ己
self 己 jǐ コ·キ(おのれ)

所 바 소 [戶4, 총8획]
ᅳᅳᅩ 戶 戶 所 所 所
place 所 suǒ リク(あやまる) 處

不 아닐 불 [一3, 총4획]
一ナイ不
not 不 bù フ·ブ

欲 하고자 할 욕 [欠7, 총11획]
欲
desire 欲 yù ヨク(ほっする)

354 勿施於人 물시어인 남에게 베풀지(행하지) 말라.

勿 말 물 [勹2, 총4획]
勹勹勿勿
don't 勿 wù モツ·モチ(なかれ)

施 베풀 시 [方5, 총9획]
施
give 施 shī セ·シ(ほどこす) 設

於 어조사 어 [方4, 총8획]
於
particle 於 yú オ(おいて)

人 사람 인 [人0, 총2획]
ノ人
person 人 rén ジン·ニン(ひと)

355 積善之家 적선지가 선행을 쌓은 집안은

積 쌓을 적 [禾11, 총16획] — pile up / 积 jī / セキ(つむ) / 蓄

善 착할 선 [口9, 총12획] — good / 善 shàn / ゼン(よい) / 惡

之 갈 지 [丿3, 총4획] — go / 之 zhī / シ(ゆく·これ)

家 집 가 [宀7, 총10획] — house / 家 jiā / カ·ケ(いえ) / 宅, 屋

356 必有餘慶 필유여경 반드시 뒤에 경사가 있고,

必 반드시 필 [心1, 총5획] — surely / 必 bì / ヒ·ゴ(あう·ちぎる)

有 있을 유 [月2, 총6획] — exist / 有 yǒu / ユウ(ある) / 無

餘 남을 여 [食7, 총16획] — remain / 余 yú / ヨ(あまる)

慶 경사 경 [心11, 총15획] — happy event / 庆 qìng / ケイ(よろこぶ)

357 不善之家 불선지가   불선(=악)을 쌓은 집안은

358 必有餘殃 필유여앙   반드시 뒤에 재앙이 있다.

359 損人利己 손인이기 — 남을 손해보게 하고 자신을 이롭게 하면

- **損** 손해 손 [手10, 총13획] — 영 reduce / 중 損 sǔn / 일 ソン(へる) / 반 益
- **人** 사람 인 [人0, 총2획] — 영 person / 중 人 rén / 일 ジン·ニン(ひと)
- **利** 이로울 리 [刀5, 총7획] — 영 profit / 중 利 lì / 일 リ(えきする)
- **己** 자기 기 [己0, 총3획] — 영 self / 중 己 jǐ / 일 コ·キ(おのれ)

360 終是自害 종시자해 — 마침내 자신을 해치는 것이다.

- **終** 끝날 종 [糸5, 총11획] — 영 finish / 중 终 zhōng / 일 シュウ(おえる) / 반 始
- **是** 옳을 시 [日5, 총9획] — 영 right / 중 是 shì / 일 ゼ·シ(ただしい·これ) / 동 非
- **自** 스스로 자 [自0, 총6획] — 영 self / 중 自 zì / 일 シ·ジ(みずから)
- **害** 해칠 해 [宀7, 총10획] — 영 harm / 중 害 hài / 일 ガイ(そこなう) / 반 利

361 禍福無門 화복무문 재앙과 복은 특정한 문이 없어

禍 재난 화 [示9, 총14획] — disaster · 祸 huò · カ(わざわい)

福 복 복 [示9, 총14획] — blessing · 福 fú · フク(さいわい) · 幸

無 없을 무 [火8, 총12획] — nothing · 无 wú · ム·ブ(ない) · 有

門 문 문 [門0, 총8획] — door · 门 mén · モン(かど)

362 惟人所召 유인소소 오직 사람이 불러들인 것이다.

惟 꾀할 유 [心8, 총11획] — consider·think · 惟 wéi · イ·ユイ

人 사람 인 [人0, 총2획] — person · 人 rén · ジン·ニン(ひと)

所 바 소 [戶4, 총8획] — place · 所 suǒ · リク(あやまる) · 處

召 부를 소 [口2, 총5획] — call · 召 zhào · ショウ(めす)

363 嗟嗟小子 차차소자 아! 소자(제자)들아

급수	한자	쓰기	뜻/음
2급	嗟 탄식할 차 [口10 총13획]	嗟嗟嗟嗟嗟嗟嗟嗟嗟嗟嗟	영 sigh 중 jiē 일 サ(なげく)
2급	嗟 탄식할 차 [口10 총13획]	嗟嗟嗟嗟嗟嗟嗟嗟嗟嗟嗟	영 sigh 중 jiē 일 サ(なげく)
中8급	小 작을 소 [小0, 총3획]	小小小	영 small 중 小 xiǎo 일 ショウ(ちいさい) 반 大
中7급	子 아들 자 [子0, 총3획]	子子子	영 son 중 子 zǐ 일 シ·ス(こ) 동 態

364 敬受此書 경수차서 공경히 이 책을 받아라.

中5급	敬 공경할 경 [攴9, 총13획]	敬敬敬敬敬敬敬敬敬敬敬敬	영 respect 중 敬 jìng 일 ケイ(うやまう)
中4Ⅱ급	受 받을 수 [又6, 총8획]	受受受受受受受受	영 receive 중 受 shòu 일 ジュ(うける) 반 授
中3Ⅱ급	此 이 차 [止2, 총6획]	此此此此此此	영 this 중 此 cǐ 일 シ(これ)
中3급	書 글 서 [曰6, 총10획]	書書書書書書書書書書	영 writing 중 书 shū 일 ショ(かく)

365 非我言耄 비아언모 — 내 말은 늙은이의 망녕이 아니라

非 아닐 비 [非0, 총8획] — not 非 fēi ヒ(あらず) 是

我 나 아 [戈3, 총7획] — I·we 我 wǒ ガ(わ·われ)

言 말씀 언 [言0, 총7획] — word 言 yán ゲン(こと)

耄 늙은이 모 [老4, 총10획] — senile mào ボウ(おいる)

366 惟聖之謨 유성지모 — 오직 성인의 가르치심이니라.

惟 생각할 유 [心8, 총11획] — consider·think 惟 wéi イ·ユイ

聖 성인 성 [耳7, 총13획] — saint 圣 shèng セイ(ひじり)

之 갈 지 [丿3, 총4획] — go 之 zhī シ(ゆく·これ)

謨 꾀 모 [言11, 총18획] — plot 谟 móu ボウ(はかる)

3단계 사자소학
四字小學 쓰기교본

Part I

3단계 사자소학 四字小學 쓰기교본

부록

- 부수(部首)일람표
- 두음법칙(頭音法則) 한자
- 동자이음(同字異音) 한자
- 약자(略字)·속자(俗字)
- 기초한자(중·고등학교)1800자
- 찾아보기(색인)

부수(部首) 일람표

一 [한 일]	가로의 한 획으로 수(數)의 '하나'의 뜻을 나타냄 (지사자)
丨 [뚫을 곤]	세로의 한 획으로, 상하(上下)로 통하는 뜻을 지님 (지사자)
丶 [점 주(점)]	불타고 있어 움직이지 않는 불꽃을 본뜬 모양 (지사자)
丿 [삐칠 별(삐침)]	오른쪽에서 왼쪽으로 삐쳐 나간 모습을 그린 글자 (상형자)
乙(乚) [새 을]	갈지자형을 본떠, 사물이 원활히 나아가지 않는 상태를 나타냄 (상형자)
亅 [갈고리 궐]	거꾸로 휘어진 갈고리 모양을 본뜬 글자 (상형자)
二 [두 이]	두 개의 가로획으로 수사(數詞)의 '둘'의 뜻을 나타냄 (상형자)
亠 [머리 두(돼지해머리)]	亥에서 亠을 따 왔기 때문에 돼지해밑이라고 함 (상형자)
人(亻) [사람 인(인변)]	사람, 백성 등이 팔을 뻗쳐 서있는 것을 옆에서 본 모양 (상형자)
儿 [어진사람 인]	사람 두 다리를 뻗치고 서있는 모습 (상형자)
入 [들 입]	하나의 줄기가 갈라져 땅속으로 들어가는 모양 (상형자)
八 [여덟 팔]	사물이 둘로 나뉘어 등지고 있는 모습 (지사자)
冂 [멀 경(멀경몸)]	세로의 두 줄에 가로 줄을 그어, 멀리 떨어진 막다른 곳을 뜻함 (상형자)
冖 [덮을 멱(민갓머리)]	집 또는 지붕을 본떠 그린 글자 (상형자)
冫 [얼음 빙(이수변)]	얼음이 언 모양을 그린 글자 (상형자)
几 [안석 궤(책상궤)]	발이 붙어 있는 대의 모양 (상형자)
凵 [입벌릴 감(위터진입구)]	땅이 움푹 들어간 모양 (상형자)
刀(刂) [칼 도]	날이 구부정하게 굽은 칼 모양 (상형자)
力 [힘 력]	팔이 힘을 주었을 때 근육이 불거진 모습 (상형자)
勹 [쌀 포]	사람이 몸을 구부리고 보따리를 싸서 안고 있는 모양 (상형자)
匕 [비수 비]	끝이 뾰쪽한 숟가락 모양 (상형자)
匚 [상자 방(터진입구)]	네모난 상자의 모양을 본뜸 (상형자)
匸 [감출 혜(터진에운담)]	물건을 넣고 뚜껑을 덮어 가린다는 뜻 (회의자)
十 [열 십]	동서남북이 모두 추어진 모양
卜 [점 복]	점을 치기 위하여 소뼈나 거북의 등딱지를 태워서 갈라진 모양

卩(㔾) [병부 절]	사람이 무릎을 꿇은 모양을 본떠, '무릎 관절'의 뜻을 나타냄 (상형자)
厂 [굴바위 엄(민엄호)]	언덕의 위부분이 튀어나와 그 밑에서 사람이 살 수 있는 곳 (상형자)
厶 [사사로울 사(마늘모)]	자신의 소유품을 묶어 싸놓고 있음을 본뜸 (지사자)
又 [또 우]	오른손의 옆모습을 본뜬 글자 (상형자)
口 [입 구]	사람의 입모양을 나타냄 (상형자)
囗 [에울 위(큰입구)]	둘레를 에워싼 선에서, '에워싸다', '두루다'의 뜻을 나타냄 (지사자)
土 [흙 토]	초목의 새싹이 땅 위로 솟아오르며 자라는 모양을 본뜬 글자 (상형자)
士 [선비 사]	一에서 十까지의 기수(基數)로 선비가 학업에 입문하는 것 (상형자)
夂 [뒤져올 치]	아래를 향한 발의 상형으로, '내려가다'의 뜻을 나타냄 (상형자)
夊 [천천히걸을 쇠]	아래를 향한 발자국의 모양으로, 가파른 언덕을 머뭇거리며 내려가다는 뜻을 나타냄 (상형자)
夕 [저녁 석]	달이 반쯤 보이기 시작할 때 즉 황혼 무렵의 저녁을 말함 (상형자)
大 [큰 대]	정면에서 바라 본 사람의 머리, 팔, 머리를 본뜸 (상형자)
女 [계집 녀]	여자가 무릎을 굽히고 얌전히 앉아 있는 모습 (상형자)
子 [아들 자]	사람의 머리와 수족을 본뜸 (상형자)
宀 [집 면(갓머리)]	지붕이 사방으로 둘러싸인 집 (상형자)
寸 [마디 촌]	손가락 하나 굵기의 폭 (지사자)
小 [작을 소]	작은 점의 상형으로 '작다'의 뜻 (상형자)
尢(尣) [절름발이 왕]	한쪽 정강이뼈가 굽은 모양을 본뜸 (상형자)
尸 [주검 시]	사람이 배를 깔고 드러누운 모양 (상형자)
屮(艸) [싹날 철]	풀의 싹이 튼 모양을 본뜸 (상형자)
山 [메 산]	산모양을 본떠, '산'의 뜻을 나타냄 (상형자)
巛(川) [개미허리(내 천)]	물이 굽이쳐 흐르는 모양 (상형자)
工 [장인 공]	천지 사이에 대목이 먹줄로 줄을 튕기고 있는 모습 (상형자)
己 [몸 기]	사람이 자기 몸을 굽히고 있는 모양을 본뜬 글자 (상형자)
巾 [수건 건]	허리띠에 천을 드리우고 있는 모양 (상형자)
干 [방패 간]	끝이 쌍갈래진 무기의 상형으로, '범하다', '막다'의 뜻을 나타냄 (상형자)
幺 [작을 요]	갓 태어난 아이를 본뜸 (상형자)

广 [집 엄(엄호)]	가옥의 덮개에 상당하는 지붕의 모습을 본뜸 (상형자)
廴 [길게 걸을 인(민책받침)]	길게 뻗은 길을 간다는 뜻 (지사자)
廾 [손맞잡을 공(밑스물입)]	두 손으로 받들 공 왼손과 오른손을 모아 떠받들고 있는 모습 (회의자)
弋 [주살 익]	작은 가지에 지주(支柱)를 바친 모양 (상형자)
弓 [활 궁]	화살을 먹이지 않은 활의 모양을 본뜸 (상형자)
彐(彐) [돼지머리 계(터진가로왈)]	돼지머리의 모양을 본뜬 모양 (상형자)
彡 [터럭 삼(삐친석삼)]	터럭을 빗질하여 놓은 모양 (상형자)
彳 [조금걸을 척(중인변)]	넓적다리, 정강이, 발의 세 부분을 그려서 처음 걷기 시작함을 나타냄 (상형자)
心(忄·㣺) [마음 심(심방 변)]	사람의 심장의 모양을 본뜬 모양 (상형자)
戈 [창 과]	주살 익(弋)에 一을 덧붙인 날이 옆에 있는 주살 (상형자)
戶 [지게 호]	지게문의 상형으로, '문', '가옥'의 뜻을 지님 (상형자)
手(扌) [손 수(재방변)]	다섯 손가락을 펼치고 있는 손의 모양 (상형자)
支 [지탱할 지]	대나무의 한 쪽 가지를 나누어 손으로 쥐고 있는 모양 (상형자)
攴(攵) [칠 복(등글월문)]	손으로 북소리가 나게 두드린다는 뜻 (상형자)
文 [글월 문]	사람의 가슴을 열어, 거기에 먹으로 표시한 모양 (상형자)
斗 [말 두]	자루가 달린 용량을 계측하는 말을 본뜸 (상형자)
斤 [도끼 근(날근)]	날이 선, 자루가 달린 도끼로 그 밑에 놓인 물건을 자르려는 모양 (상형자)
方 [모 방]	두 척의 조각배를 나란히 하여 놓고 그 이름을 붙여 놓은 모양 (상형자)
无(旡) [없을 무(이미기방)]	사람의 머리 위에 一의 부호를 더하여 머리를 보이지 않게 한 것 (지사자)
日 [날 일]	태양의 모양을 본뜸 (상형자)
曰 [가로 왈]	입과 날숨을 본뜸 (상형자)
月 [달 월]	달의 모양을 본뜸 (상형자)
木 [나무 목]	나무의 줄기와 가지와 뿌리가 있는 서 있는 나무를 본뜸 (상형자)
欠 [하품 흠]	사람의 립에서 입김이 나오는 모양 (상형자)
止 [그칠 지]	초목에서 싹이 돋아날 무렵의 뿌리 부분의 모양 (상형자)
歹(歺) [뼈앙상할 알(죽을 사변)]	살이 깎여 없어진 사람의 백골 시체의 모양 (상형자)
殳 [칠 수(갖은등글월문)]	오른손에 들고 있는 긴 막대기의 무기 모양 (상형자)
毋 [말 무]	毋말무 여자를 함부로 범하지 못하도록 막아 지킨다는 뜻 (상형자)

比 [견줄 비]	人을 반대 방향으로 나란히 세워 놓은 모양 (상형자)
毛 [터럭 모]	사람이나 짐승의 머리털을 본뜸 (상형자)
氏 [각시 씨]	산기슭에 튀어나와 있는 허물어져가는 언덕의 모양 (상형자)
气 [기운 기]	구름이 피어오르는 모양. 또는 김이 곡선을 그으면서 솟아오르는 모양 (상형자)
水(氵) [물 수(삼수변)]	물이 끊임없이 흐르는 모양 (상형자)
火(灬) [불 화]	불이 활활 타오르는 모양 (상형자)
爪(爫) [손톱 조]	손으로 아래쪽의 물건을 집으려는 모양 (상형자)
父 [아비 부]	손으로 채찍을 들고 가족을 거느리며 가르친다는 뜻 (상형자)
爻 [점괘 효]	육효(六爻)의 머리가 엇갈린 모양을 본뜸 (상형자)
爿 [조각널 장(장수장변)]	나무의 한 가운데를 세로로 자른 그 왼쪽 반의 모양 (상형자)
片 [조각 편]	나무의 한 가운데를 세로로 자른 그 오른 쪽 반의 모양 (상형·지사자)
牙 [어금니 아]	입을 다물었을 때 아래 위의 어금니가 맞닿은 모양 (상형자)
牛(牛) [소 우]	머리와 두 뿔이 솟고, 꼬리를 늘어뜨리고 있는 소의 모양 (상형자)
犬(犭) [개 견]	개가 옆으로 보고 있는 모양 (상형자)
老(耂) [늙을 로]	늙어서 머리털이 변한 모양 (상형자)
玉(王) [구슬 옥]	가로 획은 세 개의 옥돌, 세로 획은 옥 줄을 꿴 끈을 뜻함 (상형자)
艸(艹) [풀 초(초두)]	초목이 처음 돋아나오는 모양 (상형자)
辵(辶) [쉬엄쉬엄갈 착(책받침)]	가다가는 쉬고 쉬다가는 간다는 뜻 (회의자)
玄 [검을 현]	'亠'과 '幺'이 합하여 그윽하고 멀다는 의미를 지님 (상형자)
瓜 [오이 과]	'八'는 오이의 덩굴을, 'ㅿ'는 오이의 열매를 본뜸 (상형자)
瓦 [기와 와]	진흙으로 구운 질그릇의 모양 (상형자)
甘 [달 감]	'ㅁ'와 '一'을 합한 것으로 입 안에 맛있는 것이 들어있음을 뜻함 (지사자)
生 [날 생]	초목이 나고 차츰 자라서 땅 위에 나온 모양 (상형자)
田 [밭 전]	'ㅁ'은 사방의 경계선을 '十'은 동서남북으로 통하는 길을 본뜸 (상형자)
疋 [필 필]	무릎 아래의 다리 모양 (상형자)
疒 [병들 녘(병질엄)]	사람이 병들어 침대에 기댄 모양 (회의자)
癶 [걸을 발(필발머리)]	두 다리를 뻗친 모양 (상형자)
白 [흰 백]	저녁의 어스레한 물색을 희다고 본데서 '희다'의 뜻을 나타냄 (상형자)

皮 [가죽 피]	손으로 가죽을 벗기는 모습 (상형자)
皿 [그릇 명]	그릇의 모양 (상형자)
目(罒) [눈 목]	사람의 눈의 모양 (상형자)
矛 [창 모]	병거(兵車)에 세우는 장식이 달리고 자루가 긴 창의 모양 (상형자)
矢 [화살 시]	화살의 모양 (상형자)
石 [돌 석]	언덕 아래 굴러있는 돌멩이 모양 (상형자)
示(礻) [보일 시]	인간에게 길흉을 보여 알림을 뜻함 (상형자)
内 [짐승발자국 유]	짐승의 뒷발이 땅을 밟고 있는 모양 (상형자)
禾 [벼 화]	줄기와 이삭이 드리워진 모양 (상형자)
穴 [구멍 혈]	움을 파서 그 속에서 살 혈거주택을 본 뜬 모양 (상형자)
立 [설 립]	사람이 땅 위에 서 있는 모양 (상형자)
衣(衤) [옷 의]	사람의 윗도리를 가리는 옷이라는 뜻 (상형자)
竹 [대 죽]	대나무의 줄기와 대나무의 잎이 아래로 드리워진 모양 (상형자)
米 [쌀 미]	네 개의 점은 낟알을 뜻하고 十은 낟알이 따로따로 있음을 뜻함 (상형자)
糸 [실 사]	실타래를 본뜬 모양 (상형자)
缶 [장군 부]	장군을 본뜬 모양 (상형자)
网(罓·罒) [그물 망]	그물을 본뜬 모양 (상형자)
羊 [양 양]	양의 뿔과 네 다리를 나타낸 모양 (상형자)
羽 [깃 우]	새의 날개를 본뜬 모양 (상형자)
而 [말이을 이]	코 밑 수염을 본뜬 모양 (상형자)
耒 [쟁기 뢰]	우거진 풀을 나무로 만든 연장으로 갈아 넘긴다는 뜻으로 쟁기를 의미함 (상형자)
耳 [귀 이]	귀를 본뜬 모양 (상형자)
聿 [붓 율]	대쪽에 재빠르게 쓰는 물건 곧 붓을 뜻함 (상형자)
肉(月) [고기 육(육달월변)]	잘라낸 고기 덩어리를 본뜬 모양 (상형자)
臣 [신하 신]	임금 앞에 굴복하고 있는 모양 (상형자)
自 [스스로 자]	코를 본뜬 모양 (상형자)
至 [이를 지]	새가 날아 내려 땅에 닿음을 나타냄 (지사자)
臼 [절구 구(확구)]	확을 본뜬 모양 (상형자)

舌 [혀 설]	口와 干을 합하여 혀를 나타냄 (상형자)
舛(牟) [어그러질 천]	사람과 사람이 서로 등지고 반대 된다는 뜻 (상형·회의자)
舟 [배 주]	배의 모양을 본뜬 모양 (상형자)
艮 [그칠 간]	눈이 나란하여 서로 물러섬이 없다는 뜻 (회의자)
色 [빛 색]	사람의 심정이 얼굴빛에 나타난 모양 (회의자)
虍 [범의문채 호(범호)]	호피의 무늬를 본뜬 모양 (상형자)
虫 [벌레 충(훼)]	살무사가 몸을 도사리고 있는 모양 (상형자)
血 [피 혈]	제기에 담아서 신에게 바치는 희생의 피를 나타냄 (상형자)
行 [다닐 행]	좌우의 발을 차례로 옮겨 걸어감을 의미함 (상형자)
襾 [덮을 아]	그릇의 뚜껑을 본뜬 모양 (지사자)
見 [볼 견]	사람이 눈으로 보는 것을 뜻함 (회의자)
角 [뿔 각]	짐승의 뿔을 본뜬 모양 (상형자)
言 [말씀 언]	불신(不信)이 있을 대는 죄를 받을 것을 맹세한다는 뜻
谷 [골 곡]	샘물이 솟아 산 사이를 지나 바다에 흘러들어 가기까지의 사이를 뜻함 (회의자)
豆 [콩 두]	굽이 높은 제기를 본뜬 모양 (상형자)
豕 [돼지 시]	돼지가 꼬리를 흔드는 모양 (상형자)
豸 [발없는벌레 치(갓은돼지시변)]	짐승이 먹이를 노려 몸을 낮추어 이제 곧 덮치려 하고 있는 모양 (상형자)
貝 [조개 패]	조개를 본뜬 모양 (상형자)
赤 [붉을 적]	불타 밝은데서 밝게 드러낸다는 뜻 (회의자)
走 [달아날 주]	사람이 다리를 굽혔다 폈다 하면서 달리는 모양 (회의자)
足 [발 족]	무릎부터 다리까지를 본뜬 모양 (상형자)
身 [몸 신]	아이가 뱃속에서 움직이는 모양 (상형자)
車 [수레 거]	외바퀴차를 본뜬 모양 (상형자)
辛 [매울 신]	문신을 하기 위한 바늘을 본뜬 모양 (상형자)
辰 [별 진]	조개가 조가비를 벌리고 살을 내놓은 모양 (상형자)
邑(阝) [고을 읍(우부방)]	사람이 모여 사는 마을을 뜻함 (회의자)
酉 [닭 유]	술두루미를 본뜬 모양 (상형자)
釆 [분별할 변]	짐승의 발톱이 갈라져 있는 모양 (상형자)

里 [마을 리]	밭도 있고 흙도 있어서 사람이 살만한 곳을 뜻함 (회의자)
金 [쇠 금]	땅 속에 묻혔으면서 빛을 가진 광석에서 가장 귀한 것을 뜻함 (상형·형성자)
長(镸) [길 장]	사람의 긴 머리를 본뜬 모양 (상형자)
門 [문 문]	두 개의 문짝을 달아놓은 모양 (상형자)
阜(阝) [언덕 부(좌부방)]	층이 진 흙산을 본뜬 모양 (상형자)
隶 [미칠 이]	손으로 꼬리를 붙잡기 위해 뒤에서 미친다는 뜻 (회의자)
隹 [새 추]	꽁지가 짧은 새를 본뜬 모양 (상형자)
雨 [비 우]	하늘의 구름에서 물방울이 뚝뚝 떨어지는 모양 (상형자)
靑 [푸를 청]	싹도 우물물도 맑은 푸른빛을 뜻함 (형성자)
非 [아닐 비]	새가 날아 내릴 때 날개를 좌우로 날아 드리운 모양 (상형자)
面 [낯 면]	사람의 머리에 얼굴의 윤곽을 본뜬 모양 (지사자)
革 [가죽 혁]	두 손으로 짐승의 털을 뽑는 모양 (상형자)
韋 [다룸가죽 위]	어떤 장소에서 다른 방향으로 발걸음을 내디디는 모양 (회의자)
韭 [부추 구]	땅 위에 무리지어 나있는 부추의 모양 (상형자)
音 [소리 음]	말이 입 밖에 나올 때 성대를 울려 가락이 있는 소리를 내는 모양 (지사자)
頁 [머리 혈]	사람의 머리를 강조한 모양 (상형자)
風 [바람 풍]	공기가 널리 퍼져 움직임을 따라 동물이 깨어나 움직인다는 뜻 (상형·형성자)
飛 [날 비]	새가 하늘을 날 때 양쪽 날개를 쭉 펴고 있는 모양 (상형자)
食 [밥 식(변)]	식기에 음식을 담고 뚜껑을 덮은 모양 (상형자)
首 [머리 수]	머리털이 나있는 머리를 본뜬 모양 (상형자)
香 [향기 향]	기장을 잘 익혔을 때 나는 냄새를 뜻함 (회의자)
馬 [말 마]	말을 본뜬 모양 (상형자)
骨 [뼈 골]	고기에서 살을 발라내고 남은 뼈를 뜻함 (회의자)
高 [높을 고]	출입문 보다 누대는 엄청 높다는 뜻 (상형자)
髟 [머리털늘어질 표(터럭발)]	긴 머리털을 뜻함 (회의자)
鬥 [싸울 투]	두 사람이 손에 병장기를 들고 서로 대항하는 모양 (상형자)
鬯 [술 창]	곡식의 낟알이 그릇에 담겨 괴어 액체가 된 것을 숟가락으로 뜬다는 뜻 (회의자)
鬲 [솥 력]	솥과 비슷한 다리 굽은 솥의 모양 (상형자)

鬼 [귀신 귀]	사람을 해치는 망령 곧 귀신을 뜻함 (상형자)
魚 [물고기 어]	물고기를 본뜬 모양 (상형자)
鳥 [새 조]	새를 본뜬 모양 (상형자)
鹵 [소금밭 로]	서쪽의 소금밭을 가리킴 (상형자)
鹿 [사슴 록]	사슴의 머리, 뿔, 네 발을 본뜬 모양 (상형자)
麥 [보리 맥]	겨울에 뿌리가 땅속에 깊이 박힌 모양 (회의자)
麻 [삼 마]	삼의 껍질을 가늘게 삼은 것을 뜻함 (회의자)
黃 [누를 황]	밭의 색은 황토색이기 때문에 '노랗다'는 것을 뜻함 (상형자)
黍 [기장 서]	술의 재료로 알맞은 기장을 뜻함 (상형·회의자)
黑 [검을 흑]	불이 활활 타올라 나가는 창인 검은 굴뚝을 뜻함 (상형자)
黹 [바느질할 치]	바늘에 꿴 실로서 수를 놓는 옷감을 그린 모양 (상형자)
黽 [맹꽁이 맹]	맹꽁이를 본뜬 모양 (상형자)
鼎 [솥 정]	발이 세 개, 귀가 두개인 솥의 모양 (상형자)
鼓 [북 고]	장식이 달린 악기를 오른손으로 친다는 뜻 (회의자)
鼠 [쥐 서]	쥐의 이와 배, 발톱과 꼬리의 모양 (상형자)
鼻 [코 비]	공기를 통하는 '코'를 뜻함 (회의·형성자)
齊 [가지런할 제]	곡식의 이삭이 피어 끝이 가지런한 모양 (상형자)
齒 [이 치]	이가 나란히 서 있는 모양
龍 [용 룡]	끝이 뾰족한 뿔과 입을 벌린 기다란 몸뚱이를 가진 용의 모양 (상형자)
龜 [거북 귀(구)]	거북이를 본뜬 모양 (상형자)
龠 [피리 약]	부는 구멍이 있는 관(管)을 나란히 엮은 모양 (상형자)

두음법칙(頭音法則) 한자

한자음에서 첫머리나 음절의 첫소리에서 발음되는 것을 피하기 위해 다른 소리로 바꾸어 발음하는 것으로 즉, 'ㅣ, ㅑ, ㅕ, ㅛ, ㅠ' 앞에서 'ㄹ과 ㄴ'이 'ㅇ'이 되고, 'ㅏ, ㅓ, ㅗ, ㅜ, ㅡ, ㅐ, ㅔ, ㅚ' 앞의 'ㄹ'은 'ㄴ'으로 변하는 것을 말한다.

ㄴ → ㅇ로 발음

尿(뇨)	뇨-糖尿病(당뇨병) 요-尿素肥料(요소비료)	尼(니)	니-比丘尼(비구니) 이-尼僧(이승)	泥(니)	니-雲泥(운니) 이-泥土(이토)
溺(닉)	닉-眈溺(탐닉) 익-溺死(익사)	女(녀)	여-女子(여자) 녀-小女(소녀)	匿(닉)	닉-隱匿(은닉) 익-匿名(익명)
紐(뉴)	뉴-結紐(결뉴) 유-紐帶(유대)	念(념)	념-理念(이념) 염-念佛(염불)	年(년)	년-數十年(수십년) 연-年代(연대)

ㄹ → ㄴ, ㅇ로 발음

洛(락)	락-京洛(경락) 낙-洛東江(낙동강)	蘭(란)	란-香蘭(향란) 난-蘭草(난초)	欄(란)	란-空欄(공란) 난-欄干(난간)
藍(람)	람-甘藍(감람) 남-藍色(남색)	濫(람)	람-汎濫(범람) 남-濫發(남발)	拉(랍)	랍-被拉(피랍) 납-拉致(납치)
浪(랑)	랑-放浪(방랑) 낭-浪說(낭설)	廊(랑)	랑-舍廊(사랑) 낭-廊下(낭하)	涼(량)	량-淸涼里(청량리) 양-涼秋(양추)
諒(량)	량-海諒(해량) 양-諒解(양해)	慮(려)	려-憂慮(우려) 여-慮外(여외)	勵(려)	려-獎勵(장려) 여-勵行(여행)
曆(력)	력-陽曆(양력) 역-曆書(역서)	蓮(련)	련-水蓮(수련) 연-蓮根(연근)	戀(련)	련-悲戀(비련) 연-戀情(연정)
劣(렬)	렬-拙劣(졸렬) 열-劣等(열등)	廉(렴)	렴-淸廉(청렴) 염-廉恥(염치)	嶺(령)	령-大關嶺(대관령) 영-嶺東(영동)

동자이음(同字異音) 한자

한자	뜻	음	예	한자	뜻	음	예
降	내릴 항복할	강 항	降雨(강우) 降伏(항복)	更	다시 고칠	갱 경	更生(갱생) 更張(경장)
車	수레 수레	거 차	車馬(거마) 車票(차표)	乾	하늘, 마를 마를	건 간	乾燥(건조) 乾物(간물)
見	볼 나타날, 뵐	견 현	見聞(견문) 謁見(알현)	串	버릇 땅이름	관 곶	串童(관동) 甲串(갑곶)
告	알릴 뵙고청할	고 곡	告示(고시) 告寧(곡녕)	奈	나락 어찌	나 내	奈落(나락) 奈何(내하)
帑	처자 나라곳집	노 탕	妻帑(처노) 帑庫(탕고)	茶	차 차	다 차	茶菓(다과) 茶禮(차례)
宅	댁 집	댁 택	宅內(댁내) 宅地(택지)	度	법도 헤아릴	도 탁	度數(도수) 忖度(촌탁)
讀	읽을 구절	독 두	讀書(독서) 吏讀(이두)	洞	마을 통할	동 통	洞里(동리) 洞察(통찰)
屯	모일 어려울	둔 준	屯田(둔전) 屯困(준곤)	反	돌이킬 뒤집을	반 번	反亂(반란) 反田(번전)
魄	넋 넋잃을	백 탁/박	魂魄(혼백) 落魄(낙탁)	便	똥오줌 편할	변 편	便所(변소) 便利(편리)
復	회복할 다시	복 부	復歸(복귀) 復活(부활)	父	아비 남자미칭	부 보	父母(부모) 尙父(상보)
否	아닐 막힐	부 비	否決(부결) 否塞(비색)	北	북녘 달아날	북 패	北進(북진) 敗北(패배)
分	나눌 단위	분 푼	分裂(분열) 分錢(푼전)	不	아니 아닐	불 부	不能(불능) 不在(부재)
沸	끓을 물용솟음칠	비 불	沸騰(비등) 沸水(불수)	寺	절 내시, 관청	사 시	寺刹(사찰) 寺人(시인)
殺	죽일 감할	살 쇄	殺生(살생) 殺到(쇄도)	狀	모양 문서	상 장	狀況(상황) 狀啓(장계)

한자	훈	음	예	한자	훈	음	예
索	찾을 쓸쓸할	색 삭	索引(색인) 索莫(삭막)	塞	막을 변방	색 새	塞源(색원) 要塞(요새)
說	말씀 달랠 기뻐할	설 세 열	說得(설득) 說客(세객) 說喜(열희)	省	살필 덜	성 생	省墓(성묘) 省略(생략)
率	거느릴 비율	솔 률/율	率先(솔선) 率身(율신)	衰	쇠할 상복	쇠 최	衰退(쇠퇴) 衰服(최복)
數	셀 자주 촘촘할	수 삭 촉	數學(수학) 數窮(삭궁) 數罟(촉고)	宿	잘 별	숙 수	宿泊(숙박) 宿曜(수요)
拾	주울 열	습 십	拾得(습득) 拾萬(십만)	瑟	악기이름 악기이름	슬 실	瑟居(슬거) 琴瑟(금실)
食	밥 먹일	식 사	食堂(식당) 簞食(단사)	識	알 기록할	식 지	識見(식견) 標識(표지)
什	열사람 세간	십 집	什長(십장) 什器(집기)	十	열	십 시	十干(십간) 十月(시월)
惡	악할 미워할	악 오	惡漢(악한) 惡寒(오한)	樂	풍류 즐길 좋아할	악 낙/락 요	樂聖(악성) 樂園(낙원)
若	만약 반야	약 야	若干(약간) 般若(반야)	於	어조사 탄식할	어 오	於是乎(어시호) 於兎(오토)
厭	싫어할 누를	염 엽	厭世(염세) 厭然(엽연)	葉	잎 성씨	엽 섭	葉書(엽서) 葉氏(섭씨)
六	여섯 여섯	육/륙 유/뉴	六年(육년) 六月(유월)	易	쉬울 바꿀, 주역	이 역	易慢(이만) 易學(역학)
咽	목구멍 목멜	인 열	咽喉(인후) 嗚咽(오열)	刺	찌를 수라 찌를	자 라 척	刺戟(자극) 水刺(수라) 刺殺(척살)
炙	구울 고기구이	자 적	炙背(자배) 炙鐵(적철)	著	지을 붙을	저 착	著述(저술) 著近(착근)
抵	막을 칠	저 지	抵抗(저항) 抵掌(지장)	切	끊을 모두	절 체	切迫(절박) 一切(일체)

提	끌 보리수 떼지어날	제 리 시	提携(제휴) 菩提樹(보리수) 提提(시시)	辰	지지 일월성	진 신	辰時(진시) 生辰(생신)
斟	술따를 짐작할	짐 침	斟酌(짐작) 斟量(침량)	徵	부를 음률이름	징 치	徵兵(징병)
差	어긋날 층질	차 치	差別(차별) 參差(참치)	帖	문서 체지	첩 체	帖着(첩착) 帖文(체문)
諦	살필 울	체 제	諦念(체념) 眞諦(진제)	丑	소 추	축	丑時(축시) 公孫丑(공손추)
則	법 곧	칙 즉	則效(칙효) 然則(연즉)	沈	가라앉을 성씨	침 심	沈沒(침몰) 沈氏(심씨)
拓	박을 넓힐	탁 척	拓本(탁본) 拓殖(척식)	罷	그만둘 고달플	파 피	罷業(파업) 罷勞(피로)
編	엮을 땋을	편 변	編輯(편집) 編髮(변발)	布	베 베풀	포 보	布木(포목) 布施(보시)
暴	사나울 사나울	폭 포	暴動(폭동) 暴惡(포악)	曝	볕쬘 볕쬘	폭 포	曝衣(폭의) 曝白(포백)
皮	가죽 가죽	피 비	皮革(피혁) 鹿皮(녹비)	行	다닐 항렬·줄	행 항	行樂(행락) 行列(항렬)
陜	좁을 땅이름	협 합	陜隘(협애) 陜川(합천)	滑	미끄러울 어지러울	활 골	滑降(활강) 滑稽(골계)

약자(略字) · 속자(俗字)

假=仮 (거짓 가)
價=価 (값 가)
覺=覚 (깨달을 각)
擧=挙 (들 거)
據=拠 (의지할 거)
輕=軽 (가벼울 경)
經=経 (경서 경)
徑=径 (지름길 경)
鷄=鶏 (닭 계)
繼=継 (이를 계)
館=舘 (집 관)
關=関 (빗장 관)
廣=広 (넓을 광)
敎=教 (가르칠 교)
區=区 (구역 구)
舊=旧 (예 구)
驅=駆 (몰 구)
國=国 (나라 국)
權=権 (권세 권)
勸=勧 (권할 권)
龜=亀 (거북 귀)
氣=気 (기운 기)
旣=既 (이미 기)
內=内 (안 내)
單=単 (홑 단)
團=団 (둥글 단)
斷=断 (끊을 단)
擔=担 (멜 담)
當=当 (당할 당)
黨=党 (무리 당)
對=対 (대할 대)
德=徳 (큰 덕)
圖=図 (그림 도)
讀=読 (읽을 독)
獨=独 (홀로 독)
樂=楽 (즐길 락)
亂=乱 (어지러울 란)
覽=覧 (볼 람)
來=来 (올 래)
兩=両 (두 량)
凉=涼 (서늘할 량)
勵=励 (힘쓸 려)
歷=歴 (지날 력)
練=練 (익힐 련)
戀=恋 (사모할 련)

靈=灵 (신령 령)
禮=礼 (예도 례)
勞=労 (수고로울 로)
爐=炉 (화로 로)
綠=緑 (푸를 록)
賴=頼 (의지할 뢰)
龍=竜 (용 룡)
樓=楼 (다락 루)
稟=禀 (삼갈 · 사뢸 품)
萬=万 (일만 만)
滿=満 (찰 만)
蠻=蛮 (오랑캐 만)
賣=売 (팔 매)
麥=麦 (보리 맥)
半=半 (반 반)
發=発 (필 발)
拜=拜 (절 배)
變=変 (변할 변)
辯=弁 (말잘할 변)
邊=辺 (가 변)
竝=並 (아우를 병)
寶=宝 (보배 보)
拂=払 (떨칠 불)
佛=仏 (부처 불)
冰=氷 (어름 빙)
絲=糸 (실 사)
寫=写 (베낄 사)
辭=辞 (말씀 사)
雙=双 (짝 쌍)
敍=叙 (펼 서)
潟=鳰 (개펄 석)
釋=釈 (풀 석)
聲=声 (소리 성)
續=続 (이을 속)
屬=属 (붙을 속)
收=収 (거둘 수)
數=数 (수 수)
輸=輸 (보낼 수)
肅=粛 (삼갈 숙)
濕=湿 (젖을 습)
乘=乗 (탈 승)
實=実 (열매 실)
兒=児 (아이 아)
亞=亜 (버금 아)
惡=悪 (악할 악)

巖=岩 (바위 암)
壓=圧 (누를 압)
藥=薬 (약 약)
讓=譲 (사양할 양)
嚴=厳 (엄할 엄)
餘=余 (남을 여)
與=与 (줄 여)
驛=駅 (정거장 역)
譯=訳 (통역할 역)
鹽=塩 (소금 염)
榮=栄 (영화 영)
豫=予 (미리 예)
藝=芸 (재주 예)
溫=温 (따뜻할 온)
圓=円 (둥글 원)
圍=囲 (둘레 위)
爲=為 (하 위)
陰=陰 (그늘 음)
應=応 (응할 응)
醫=医 (의원 의)
貳=弐 (두 이)
壹=壱 (하나 일)
姊=姉 (누이 사)
殘=残 (남을 잔)
潛=潜 (잠길 잠)
雜=雑 (섞일 잡)
壯=壮 (씩씩할 장)
莊=庄 (별장 장)
爭=争 (다툴 쟁)
戰=戦 (싸움 전)
錢=銭 (돈 전)
傳=伝 (전할 전)
轉=転 (구를 전)
點=点 (점 점)
靜=静 (고요 정)
淨=浄 (깨끗할 정)
濟=済 (건널 제)
齊=斉 (다스릴 제)
條=条 (가지 조)
弔=吊 (조상할 조)
從=従 (좇을 종)
晝=昼 (낮 주)
卽=即 (곧 즉)
增=増 (더할 증)
證=証 (증거 증)

眞=真 (참 진)
盡=尽 (다할 진)
晉=晋 (나라 진)
贊=賛 (찬성할 찬)
讚=讃 (칭찬할 찬)
參=参 (참여할 참)
册=冊 (책 책)
處=処 (곳 처)
淺=浅 (얕을 천)
鐵=鉄 (쇠 철)
廳=庁 (관청 청)
體=体 (몸 체)
觸=触 (닿을 촉)
總=総 (다 총)
蟲=虫 (벌레 충)
齒=歯 (이 치)
恥=耻 (부끄러울 치)
稱=称 (일컬을 칭)
彈=弾 (탄할 탄)
澤=沢 (못 택)
擇=択 (가릴 택)
廢=廃 (폐할 폐)
豊=豊 (풍성할 풍)
學=学 (배울 학)
解=觧 (풀 해)
鄕=郷 (고을 향)
虛=虚 (빌 허)
獻=献 (드릴 헌)
驗=験 (증험할 험)
顯=顕 (나타날 현)
螢=蛍 (반딧불 형)
號=号 (부르짖을 호)
畫=画 (그림 화)
擴=拡 (늘릴 확)
歡=歓 (기쁠 환)
黃=黄 (누를 황)
會=会 (모을 회)
回=回 (돌아올 회)
效=効 (본받을 효)
黑=黒 (검을 흑)
戱=戯 (희롱할 희)

기초한자(중·고등학교) 1800자

※는 고등학교 기초한자입니다.

ㄱ

佳 아름다울 가
假 거짓 가
價 값 가
加 더할 가
可 옳을 가
家 집 가
※暇 겨를 가
※架 시렁 가
歌 노래 가
街 거리 가
※刻 새길 각
※却 물리칠 각
各 각각 각
脚 다리 각
※覺 깨달을 각
角 뿔 각
※閣 누각 각
※刊 새길 간
※姦 간음할 간
干 방패 간
※幹 줄기 간
※懇 간절할 간
看 볼 간
※簡 대쪽 간
※肝 간 간
間 사이 간
渴 목마를 갈
感 느낄 감
敢 굳셀 감
減 덜 감
甘 달 감
※監 볼 감
※鑑 거울 감
甲 갑옷 갑
※剛 굳셀 강
※康 편안할 강
江 물 강
※綱 벼리 강
講 욀 강
※鋼 강철 강
降 내릴 강
降 항복할 항
強 강할, 힘쓸 강
※介 끼일 개

個 낱 개
※慨 슬퍼할 개
改 고칠 개
※槪 대개 개
皆 다 개
※蓋 덮을 개
開 열 개
客 손 객
更 다시 갱
更 고칠 경
去 갈 거
居 살 거
巨 클 거
※拒 막을 거
※據 의지할 거
擧 들 거
※距 떨어질 거
車 수레 거(차)
乾 하늘 건
乾 마를 건(간)
※件 물건 건
※健 굳셀 건
建 세울 건
※乞 빌 걸
※傑 뛰어날 걸
※儉 검소할 검
※劍 칼 검
※檢 검사할 검
※擊 칠 격
※格 격식 격
※激 과격할 격
※隔 사이 뜰 격
堅 굳을 견
※牽 끌, 별 이름 견
犬 개 견
※絹 비단 견
肩 어깨 견
見 볼 견
見 나타날 현
※遣 보낼 견
決 결단할 결
潔 깨끗할 결
結 맺을 결
缺 빠질 결
兼 겸할 겸

※謙 겸손할 겸
京 서울 경
傾 기울어질 경
※卿 벼슬 경
※境 지경 경
※庚 별 경
※徑 지름길 경
慶 경사 경
敬 공경할 경
景 볕·우러를 경
※硬 굳을 경
※竟 마칠 경
競 다툴 경
經 날 경
經 지날 경
耕 갈 경
※警 경계할 경
輕 가벼울 경
鏡 거울 경
※頃 잠시 경
驚 놀랄 경
※係 맬 계
※啓 열 계
※契 계약할 계
季 끝, 철 계
戒 경계할 계
桂 계수나무 계
※械 기계 계
溪 시내 계
界 경계 계
癸 북방 계
系 계통 계
繫 맬 계
繼 이을 계
計 헤아릴 계
※階 섬돌 계
鷄 닭 계
※孤 외로울 고
古 옛, 예 고
告 고할, 아뢸 고
固 굳을 고
※姑 시어머니 고
庫 곳집 고
故 연고 고
※枯 마를 고

※稿 원고 고
考 생각할 고
苦 쓸 고
※顧 돌아볼 고
高 높을 고
鼓 북 고
※哭 울 곡
曲 굽을 곡
穀 낟알, 곡식 곡
谷 골 곡
困 곤할 곤
坤 따(땅) 곤
骨 뼈 골
空 빌 공
※供 이바지할 공
公 공변될 공
共 한가지 공
功 공 공
孔 구멍 공
工 장인 공
※恐 두려울 공
恭 공손 공
攻 칠 공
貢 바칠 공
寡 적을 과
果 열매 과
科 과목 과
※誇 자랑할 과
課 과정 과
過 지날, 허물 과
※郭 성곽 곽
※冠 갓 관
官 벼슬 관
※寬 너그러울 관
※慣 버릇 관
※管 대롱 관
觀 볼 관
※貫 꿸 관
關 관계할 관
※館 집 관
光 빛 광
廣 넓을 광
※狂 미칠 광
※鑛 쇳돌 광
※掛 걸 괘

※塊 흙덩어리 괴
※壞 무너뜨릴 괴
※怪 괴이할 괴
※愧 부끄러울 괴
交 사귈 교
※巧 교묘할 교
敎 가르칠 교
校 학교 교
橋 다리 교
※矯 바로잡을 교
※較 비교할 교
※郊 들 교
※丘 언덕 구
久 오랠 구
九 아홉 구
※俱 함께 구
※具 갖출 구
※區 구역 구
口 입 구
句 글귀 구
※懼 두려울 구
※拘 거리낄 구
救 구원할 구
※構 얽을 구
求 구할 구
※狗 개 구
※球 구슬 구
究 궁구할 구
舊 옛 구
苟 진실로 구
驅 몰 구
龜 땅이름 구
龜 터질 균
龜 거북 귀
國 나라 국
※局 판 국
菊 국화 국
君 임금 군
※群 무리 군
軍 군사, 진칠 군
郡 고을 군
※屈 굽을 굴
※宮 집 궁
弓 활 궁
※窮 다할 궁

부록 | 215

勸 권할 권	氣 기운 기	*檀 박달나무 단	讀 구두점 두	量 헤아릴 량(양)
卷 책 권	*畿 경기 기	*段 조각 단	*敦 도타울 돈	涼 서늘할 량(양)
*拳 주먹 권	*祈 빌 기	短 짧을 단	*豚 돼지 돈	*勵 힘쓸 려(여)
權 권세 권	*紀 벼리 기	端 끝 단	*突 부딪칠 돌	*慮 생각 려(여)
*券 문서 권	記 기록할 기	達 통달할 달	冬 겨울 동	旅 나그네 려(여)
*厥 그 궐	*豈 어찌 기	*擔 멜 담	*凍 얼 동	*麗 고울 려(여)
*軌 차바퀴 궤	起 일어날 기	*淡 맑을 담	動 움직일 동	力 힘 력(역)
*鬼 귀신 귀	*飢 주릴 기	談 말씀 담	同 한가지 동	*曆 책력 력(역)
歸 돌아갈 귀	*騎 말탈 기	*畓 논 답	東 동녘 동	歷 지날 력(역)
貴 귀할 귀	*緊 요긴할 긴	答 답할 답	洞 골 동	*憐 불쌍히 여길 련(연)
*規 법 규	吉 길할 길	踏 밟을 답	洞 밝을 통	*戀 사모할 련(연)
*叫 부르짖을 규	金 쇠 금	*唐 당나라 당	童 아이 동	練 익힐 련(연)
*糾 살필 규	金 성 김	堂 집 당	*銅 구리 동	*聯 잇닿을 련(연)
均 고를 균		當 마땅 당	斗 말 두	連 이을 련(연)
*菌 버섯 균	ㄴ	*糖 사탕 당	豆 콩 두	*鍊 쇠불릴 련(연)
*劇 심할 극	*那 어찌 나	*黨 무리 당	頭 머리 두	*劣 용렬할 렬(열)
*克 이길 극	暖 따뜻할 난	代 대신할 대	*屯 모일 둔	*裂 찢을 렬(열)
極 극진할 극	難 어려울 난	大 큰 대	*鈍 둔할 둔	廉 청렴할 렴(염)
*謹 삼갈 근	南 남녘 남	對 대할 대	得 얻을 득	*獵 사냥 렵(엽)
*僅 겨우 근	男 사내 남	*帶 띠 대	燈 등불 등	令 하여금 령(영)
勤 부지런할 근	*納 들일 납	待 기다릴 대	登 오를 등	*嶺 재 령(영)
*斤 근 근	*娘 처녀 낭	臺 집, 대 대	等 무리 등	*零 떨어질 령(영)
根 뿌리 근	乃 이에 내	*貸 빌릴 대	*騰 오를 등	*靈 신령 령(영)
近 가까울 근	內 안 내	*隊 떼 대		領 거느릴 령(영)
*錦 비단 금	*奈 어찌 내	德 큰 덕	ㄹ	*爐 화로 로(노)
今 이제 금	*耐 견딜 내	*倒 넘어질 도	*羅 벌일 라(나)	路 길 로(노)
*琴 거문고 금	年 해 년	刀 칼 도	樂 즐길 락(낙)	*露 이슬 로(노)
禁 금할 금	念 생각 념	到 이를 도	樂 풍악 악(낙)	*祿 녹 록(녹)
*禽 새 금	*寧 편안할 녕(령)	圖 그림 도	樂 좋아할 요(낙)	綠 푸를 록(녹)
及 미칠 급	*努 힘쓸 노(로)	*塗 칠할 도	*絡 연락 락(낙)	*錄 기록할 록(녹)
急 급할 급	勞 수고할 로(노)	*導 인도할 도	落 떨어질 락(낙)	鹿 사슴 록(녹)
*級 등급 급	*奴 종 노	島 섬 도	*諾 승낙할 락(낙)	論 논할 론(논)
給 줄 급	怒 노할 노(로)	度 법도 도	*亂 어지러울 란(난)	*弄 희롱할 롱(농)
*肯 즐길 긍	老 늙을 로(노)	徒 무리 도	卵 알 란(난)	*賴 힘입을 뢰(뇌)
*企 꾀할 기	農 농사 농	*挑 끌어 낼 도	*欄 난간 란(난)	雷 천둥 뢰(뇌)
其 그 기	*惱 번뇌할 뇌	桃 복숭아 도	蘭 난초 란(난)	了 마칠 료(요)
*器 그릇 기	*腦 뇌 뇌	渡 건널 도	*濫 넘칠 람(남)	*僚 동료 료(요)
基 터 기	能 능할 능	盜 도둑 도	*覽 볼 람(남)	料 헤아릴 료(요)
*奇 기이할 기	*泥 진흙 니	*稻 벼 도	*廊 행랑 랑(낭)	*屢 자주 루(누)
*寄 부칠 기		*跳 뛸 도	浪 물결 랑(낭)	樓 다락 루(누)
己 몸 기	ㄷ	逃 달아날 도	郞 사내 랑(낭)	*淚 눈물 루(누)
幾 몇 기	多 많을 다	*途 길 도	來 올 래(내)	*漏 샐 루(누)
*忌 꺼릴 기	*茶 차 다	道 길 도	冷 찰 랭(냉)	*累 여러 루(누)
技 재주 기	丹 붉을 단	都 도읍 도	*掠 노략질할 략(약)	柳 버들 류(유)
旗 기 기	但 다만 단	陶 질그릇 도	*略 간략할 략(약)	流 흐를 류(유)
旣 이미 기	單 홑 단	*毒 독 독	兩 두 량(양)	留 머무를 류(유)
期 기약할 기	*圍 둥글 단	獨 홀로 독	*梁 들보 량(양)	*類 무리 류(유)
*棄 버릴 기	*壇 단 단	*督 감독할 독	*糧 양식 량(양)	*輪 바퀴 륜(윤)
*機 베틀 기	*斷 끊을 단	*篤 도타울 독	良 어질 량(양)	律 법칙 률(율)
*欺 속일 기	*旦 아침 단	讀 읽을 독	*諒 살필 량(양)	*栗 밤 률(율)

*率 거느릴 률(율)(솔)
*率 비례 률(율)
*隆 높을 륭(융)
*陵 무덤 릉(능)
利 이로울 리(이)
吏 관리 리(이)
理 다스릴 리(이)
里 마을 리(이)
*離 떠날 리(이)
*臨 임할 림(임)

ㅁ

*磨 갈 마
馬 말 마
*麻 삼 마
*幕 장막 막
*漠 아득할 막
莫 말 막
*慢 교만할 만
晚 늦을 만
滿 찰 만
漫 부질없을 만
萬 일만 만
末 끝 말
亡 망할 망
*妄 망령될 망
忘 잊을 망
忙 바쁠 망
望 바라볼 망
*罔 없을 망
*茫 아득할 망
*埋 묻을 매
妹 누이 매
*媒 중매할 매
*梅 매화 매
每 매양 매
買 살 매
賣 팔 매
*脈 맥 맥
麥 보리 맥
*孟 맏 맹
*猛 사나울 맹
*盲 소경 맹
*盟 맹세할 맹
免 면할 면
勉 힘쓸 면
眠 졸 면
*綿 솜 면
面 낯 면

滅 멸할 멸
冥 어두울 명
名 이름 명
命 목숨 명
明 밝을 명
銘 새길 명
鳴 울 명
侮 업신여길 모
冒 가릴 모
募 모집할 모
慕 사모할 모
暮 저물 모
某 아무 모
模 본뜰 모
母 어미 모
毛 터럭 모
謀 꾀 모
貌 모양 모
木 나무 목
牧 칠 목
目 눈 목
睦 화목할 목
沒 빠질 몰
夢 꿈 몽
蒙 어릴 몽
卯 토끼 묘
墓 무덤 묘
妙 묘할 묘
廟 사당 묘
苗 싹 묘
務 힘쓸 무
戊 다섯째 천간 무
武 호반 무
無 없을 무
舞 춤출 무
茂 무성할 무
貿 무역할 무
霧 안개 무
墨 먹 묵
默 잠잠할 묵
問 물을 문
文 글월 문
聞 들을 문
門 문 문
勿 말 물
物 물건 물
味 맛 미
尾 꼬리 미
微 작을 미
未 아닐 미

*眉 눈썹 미
米 쌀 미
美 아름다울 미
*迷 미혹할 미
*憫 불쌍히 여길 민
*敏 민첩할 민
民 백성 민
密 빽빽할 밀
*蜜 꿀 밀

ㅂ

*博 넓을 박
*拍 손뼉칠 박
朴 순박할 박
*泊 배댈 박
薄 엷을 박
*迫 핍박할 박
*伴 짝 반
半 반 반
反 돌이킬 반
*叛 모반할 반
*班 나눌, 얼룩질 반
*盤 소반 반
般 일반 반
*返 돌아올 반
飯 밥 반
*拔 뺄 발
發 필 발
髮 터럭 발
倣 본받을 방
*傍 곁 방
*妨 방해할 방
房 방 방
放 놓을 방
方 모 방
芳 꽃다울 방
訪 찾을 방
*邦 나라 방
防 막을 방
*倍 곱할 배
*培 북돋울 배
拜 절 배
*排 물리칠 배
杯 잔 배
背 등 배
*輩 무리 배
配 짝 배
伯 맏 백
白 흰 백
百 일백 백

*煩 번거로울 번
番 차례 번
*繁 번성할 번
*飜 번역할 번
伐 칠 벌
罰 벌 벌
凡 무릇 범
犯 범할 범
*範 법 범
法 법 법
*壁 벽 벽
*碧 푸를 벽
變 변할 변
*辨 분별할 변
*辯 말 잘할 변
*邊 가장자리 변
別 나눌 별
丙 남녘 병
兵 병사 병
*屏 병풍 병
病 병 병
*竝 아우를 병
保 보호할 보
報 갚을 보
寶 보배 보
*普 넓을 보
步 걸음 보
補 도울 보
譜 문서 보
伏 엎드릴 복
卜 점칠 복
服 입을 복
福 복 복
腹 배 복
複 거듭 복
覆 뒤집힐 복
覆 덮을 부
本 근본 본
奉 받들 봉
封 봉할 봉
峯 산봉우리 봉
蜂 벌 봉
逢 만날 봉
*鳳 새 봉
不 아닐 불
*付 부탁할 부
*副 버금 부
否 아닐 부
夫 지아비 부
婦 며느리 부

富 부자 부
*府 마을 부
復 회복할 복
復 다시 부
扶 도울 부
浮 뜰 부
父 아비 부
*符 부적 부
*簿 장부 부
*腐 썩을 부
負 질 부
賦 구실 부
*赴 다다를 부
部 떼 부
*附 붙일 부
北 북녘 북
北 달아날 배
分 나눌 분
*墳 봉분 분
*奔 달아날 분
*奮 떨칠 분
*憤 분할 분
粉 가루 분
*紛 어지러울 분
佛 부처 불
*拂 떨칠 불
崩 무너질 붕
朋 벗 붕
備 갖출 비
*卑 낮을 비
*妃 왕비 비
*婢 계집종 비
悲 슬플 비
批 비평할 비
比 견줄 비
碑 비석 비
肥 살찔 비
費 소비할 비
非 아닐 비
飛 날 비
鼻 코 비
祕 비밀 비
貧 가난할 빈
賓 손 빈
*頻 자주 빈
*聘 부를 빙
冰(氷) 얼음 빙

ㅅ

事 일 사

仕 벼슬 사	常 떳떳할 상	說 말씀 설	送 보낼 송	崇 높일 숭
*似 같을 사	*床 평상 상	說 달랠 세	*頌 칭송할 송	*濕 젖을 습
使 하여금 사	想 생각 상	說 기쁠 열	*刷 인쇄할 쇄	拾 주울 습
史 역사 사	*桑 뽕나무 상	雪 눈 설	*鎖 쇠사슬 쇄	拾 열 십
*司 맡을 사	*狀 형상 상	*攝 조섭할 섭	衰 쇠할 쇠	習 익힐 습
四 넉 사	*狀 문서 장	*涉 건널 섭	修 닦을 수	*襲 엄습할 습
士 선비 사	相 서로 상	城 재 성	受 받을 수	乘 탈 승
*寫 베낄 사	*祥 상서로울 상	姓 성 성	*囚 가둘 수	*僧 중 승
寺 절 사	*裳 치마 상	性 성품 성	*垂 드리울 수	勝 이길 승
射 쏠 사	*詳 상세할 상	成 이룰 성	壽 목숨 수	承 이을 승
巳 뱀 사	*象 코끼리 상	星 별 성	守 지킬 수	昇 오를 승
師 스승 사	賞 상줄 상	盛 성할 성	*帥 장수 수	*侍 모실 시
思 생각 사	霜 서리 상	省 줄일 생	愁 근심 수	始 비로소 시
*捨 버릴 사	*塞 변방 새	省 살필 성	手 손 수	市 저자 시
*斜 비낄 사	*塞 막을 색	聖 성인 성	授 줄 수	施 베풀 시
*斯 이 사	*索 동아줄 삭	聲 소리 성	*搜 찾을 수	是 이 시
*査 조사할 사	*索 찾을 색	誠 정성 성	收 거둘 수	時 때 시
死 죽을 사	色 빛 색	世 인간 세	數 셀 수	*矢 화살 시
*沙 모래 사	生 날 생	勢 형세 세	樹 나무 수	示 보일 시
*社 모일 사	序 차례 서	歲 해 세	*殊 다를 수	視 볼 시
*祀 제사 사	*庶 뭇 서	洗 씻을 세	水 물 수	試 시험할 시
私 사사로울 사	*徐 천천히 할 서	稅 구실 세	獸 짐승 수	詩 글 시
絲 실 사	*恕 용서할 서	細 가늘 세	*睡 잠잘 수	式 법 식
舍 집 사	*敍 펼 서	*召 부를 소	秀 빼어날 수	*息 숨쉴 식
*蛇 뱀 사	暑 더울 서	小 작을 소	誰 누구 수	植 심을 식
*詐 속일 사	書 쓸, 글 서	少 적을 소	*輸 보낼 수	識 알 식
*詞 말 사	*緖 실마리 서	所 바 소	*遂 이룰 수	食 밥 식(사)
謝 사례 사	*署 관청 서	*掃 쓸 소	*隨 따를 수	*飾 꾸밀 식
*賜 줄 사	西 서녘 서	*昭 밝을 소	雖 비록 수	*伸 펼 신
*辭 말씀 사	*誓 맹세할 서	消 사라질 소	*需 쓸 수	信 믿을 신
*邪 간사할 사	*逝 갈 서	*燒 불사를 소	須 모름지기 수	*愼 삼갈 신
*削 깎을 삭	夕 저녁 석	笑 웃음 소	首 머리 수	新 새 신
*朔 초하루 삭	席 자리 석	素 흴 소	叔 아재비 숙	*晨 새벽 신
山 메 산	惜 아낄 석	*蔬 나물 소	*孰 누구 숙	申 납 신
散 흩어질 산	昔 옛 석	*蘇 깨어날 소	宿 별자리 수	神 귀신 신
産 낳을 산	*析 쪼갤 석	*訴 하소연할 소	宿 잘 숙	臣 신하 신
算 헤아릴 산	石 돌 석	*騷 시끄러울 소	淑 맑을 숙	身 몸 신
殺 죽일 살	*釋 풀 석	*疏(疎) 트일 소	*熟 익을 숙	辛 매울 신
殺 감할 쇄	仙 신선 선	俗 풍속 소	*肅 엄숙할 숙	失 잃을 실
三 석 삼	先 먼저 선	*屬 무리 속	*巡 순행할 순	室 집 실
參 석 삼	善 착할 선	*屬 붙을 촉	*循 돌 순	實 열매 실
參 참여할 참	*宣 베풀 선	*束 묶을 속	旬 열흘 순	*審 살필 심
上 윗 상	*旋 돌 선	*粟 조 속	*殉 따라 죽을 순	*尋 찾을 심
傷 다칠 상	*禪 참선할 선	續 이을 소	*瞬 잠깐 순	心 마음 심
*像 형상 상	線 줄 선	速 빠를 소	純 순수할 순	深 깊을 심
*償 갚을 상	船 배 선	孫 손자 손	*脣 입술 순	甚 심할 심
商 장사 상	選 가릴 선	*損 덜 손	順 순할 순	十 열 십
喪 잃을 상	鮮 고울 선	松 소나무 송	戌 개 술	*雙 짝 쌍
*嘗 맛볼 상	舌 혀 설	*訟 송사할 송	*術 꾀 술	氏 각시 씨
尙 오히려 상	設 베풀 설	*誦 욀 송	*述 지을 술	

ㅇ

*亞 버금 아
 兒 아이 아
 我 나 아
*牙 어금니 아
*芽 싹 아
*雅 맑을 아
*餓 주릴 아
*岳 메뿌리 악
 惡 악할 악
 惡 미워할 오
 安 편안 안
*岸 언덕 안
 案 생각 안
 眼 눈 안
 顔 낯 안
*鴈(雁) 기러기 안
*謁 아뢸 알
 巖 바위 암
 暗 어두울 암
*壓 누를 압
*押 찍을 압
 仰 우러를 앙
*央 가운데 앙
*殃 재앙 앙
 哀 슬플 애
 愛 사랑 애
*涯 물가 애
*厄 재앙 액
*額 이마 액
 也 어조사 야
 也 잇기 야
 夜 밤 야
*耶 어조사 야
 野 들 야
 弱 약할 약
 約 약속 약
 若 같을 약
 若 반야 야
 藥 약 약
*躍 뛸 약
*壤 토양 양
 揚 드날릴 양
*楊 버들 양
*樣 모양 양
 洋 큰바다 양
 羊 양 양
 讓 사양할 양
 陽 볕 양
 養 기를 양

*御 어거할 어
 於 어조사 어
 於 탄식할 오
 漁 고기잡을 어
 語 말씀 어
 魚 고기 어
 億 억 억
 憶 생각할 억
*抑 누를 억
*焉 어찌 언
 言 말씀 언
 嚴 엄할 엄
 業 업 업
*予 나 여
 余 나 여
 女 계집 녀
 如 같을 여
 汝 너 여
 與 줄 여
*輿 수레 여
 餘 남을 여
 亦 또 역
*域 지경 역
*役 일 역
 易 바꿀 역
 易 쉬울 이
*疫 염병 역
*譯 통역할 역
 逆 거스를 역
 驛 역말 역
 宴 잔치 연
 延 끌 연
 沿 물 따라 갈 연
 演 펼 연
 然 그럴 연
 煙 연기 연
*燃 불탈 연
*燕 제비 연
 硏 갈 연
 緣 인연 연
 軟 연할 연
 蓮 연꽃 련(연)
*鉛 납 연
 列 벌일 렬(열)
 悅 기쁠 열
 烈 매울 렬(열)
 熱 더울 열
*閱 살펴볼 열
*染 물들일 염
 炎 더울 염

*鹽 소금 염
 葉 잎 엽
 葉 성 섭
*影 그림자 영
*映 비칠 영
 榮 영화 영
 永 길 영
*泳 헤엄칠 영
*營 경영할 영
 英 꽃부리 영
*詠 읊을 영
 迎 맞을 영
 例 보기 례(예)
 藝 재주 예
 禮 예도 례(예)
*譽 기릴 예
*豫 미리 예
*銳 날카로울 예
*隸 종. 붙들 례(예)
 五 다섯 오
*傲 거만할 오
 午 낮 오
 吾 나 오
*嗚 탄식할 오
*娛 즐길 오
 悟 깨달을 오
*汚 더러울 오
 烏 까마귀 오
 誤 그르칠 오
 屋 집 옥
*獄 감옥 옥
 玉 구슬 옥
 溫 따뜻할 온
*擁 안을 옹
*翁 늙은이 옹
 瓦 기와 와
 臥 누울 와
 完 완전할 완
 緩 늦을 완
 曰 가로되 왈
 往 갈 왕
 王 임금 왕
 外 밖 외
*畏 두려울 외
*搖 흔들 요
 腰 허리 요
 要 요긴할 요
*謠 노래 요
*遙 멀 요
*慾 욕심낼 욕

 欲 하고자 할 욕
 浴 목욕 욕
*辱 욕될 욕
 勇 날랠 용
 容 얼굴 용
*庸 떳떳할 용
 用 쓸 용
*龍 용 룡(용)
 于 어조사 우
*偶 짝 우
*優 넉넉할 우
 又 또 우
 友 벗 우
 右 오른쪽 우
 宇 집 우
 尤 더욱 우
*愚 어리석을 우
 憂 근심할 우
 牛 소 우
*羽 깃 우
 遇 만날 우
*郵 역말 우
 雨 비 우
 云 이를 운
 運 운전할 운
 雲 구름 운
*韻 운 운
 雄 수컷 웅
 元 으뜸 원
 原 근원 원
*員 인원 원
 圓 둥글 원
 園 동산 원
 怨 원망할 원
*援 도울 원
*源 근원 원
 遠 멀 원
*院 집 원
 願 원할 원
 月 달 월
*越 넘을 월
 位 자리 위
 偉 클 위
*僞 거짓 위
 危 위태로울 위
*圍 둘레 위
*委 맡길 위
 威 위엄 위
*慰 위로할 위
 爲 할 위

*緯 씨 위
*胃 밥통 위
*謂 이를 위
*違 어길 위
*衛(衞) 호위할 위
*乳 젖 유
*儒 선비 유
 唯 오직 유
 幼 어릴 유
*幽 그윽할 유
*悠 멀 유
*惟 생각할 유
*愈 나을 유
 有 있을 유
 柔 부드러울 유
 油 기름 유
 猶 오히려 유
 由 말미암을 유
*維 맬 유
*裕 넉넉할 유
*誘 꾈 유
 遊 놀 유
 遺 남길 유
 酉 닭 유
 六 여섯 륙(육)
 肉 고기 육
 育 기를 육
 陸 뭍 륙(육)
 倫 인륜 륜(윤)
*潤 윤택할 윤
*閏 윤달 윤
 恩 은혜 은
 銀 은 은
*隱 숨을 은
 乙 새 을
 吟 읊을 음
*淫 음란할 음
 陰 그늘 음
 音 소리 음
 飮 마실 음
 泣 울 읍
 邑 고을 읍
*凝 엉길 응
 應 응할 응
 依 의지할 의
*儀 거동 의
*宜 마땅할 의
 意 뜻 의
*疑 의심할 의
 矣 어조사 의

義 옳을·뜻 의	自 스스로 자	*滴 물방울 적	貞 곧을 정	主 임금, 주인 주
衣 옷 의	*資 재물 자	的 과녁, 적실할 적	靜 고요할 정	住 살 주
議 의논할 의	姉(姊) 큰누이 자	*積 쌓을 적	頂 이마 정	*周 두루 주
醫 의원 의	作 지을 작	*籍 호적, 서적 적	*制 억제할 제	*奏 아뢸 주
二 두 이	昨 어제 작	績 길쌈 적	*堤 둑·제방 제	宙 집 주
以 써 이	*爵 벼슬 작	賊 도둑 적	帝 임금 제	*州 고을 주
*夷 오랑캐 이	*酌 잔질할 작	赤 붉을 적	弟 아우 제	晝 낮 주
*履 신 리(이)	*殘 남을 잔	*跡 발자취 적	提 제출할 제	朱 붉을 주
已 이미 이	*暫 잠깐 잠	適 알맞을 적	*濟 건널 제	*柱 기둥 주
李 오얏 리(이)	*潛 잠길 잠	傳 전할 전	祭 제사 제	*株 그루 주
*梨 배 리(이)	*雜 섞을 잡	全 온전할 전	第 차례 제	注 물댈 주
異 다를 이	丈 어른 장	典 법 전	製 지을 제	*洲 물가 주
移 옮길 이	場 마당 장	前 앞 전	諸 모을, 여러 제	珠 구슬 주
而 말이을 이	壯 장할 장	*專 오로지 전	除 덜 제	*舟 배 주
耳 귀 이	將 장수 장	展 펼 전	*際 교제할 제	走 달아날 주
*裏 속 리(이)	*帳 휘장 장	戰 싸움 전	題 제목 제	酒 술 주
益 더할 익	*張 베풀 장	殿 대궐 전	齊 가지런할 제	*鑄 부어만들 주
*翼 날개 익	*掌 손바닥 장	田 밭 전	兆 조짐 조	竹 대 죽
人 사람 인	章 글 장	*轉 구를 전	助 도울 조	*俊 준걸 준
仁 어질 인	*粧 단장할 장	錢 돈 전	*弔 조상할 조	*準 법도 준
印 도장 인	*腸 창자 장	電 전기 전	*操 잡을 조	*遵 좇을 준
因 인할 인	*臟 오장 장	*切 끊을 절	早 이를 조	中 가운데 중
*姻 혼인할 인	*莊 장중할 장	*切 모두 체	朝 아침 조	*仲 버금 중
寅 동방, 범 인	*葬 장사 장	*折 꺾을 절	條 가지 조	衆 무리 중
引 끌 인	*藏 감출 장	*竊 도둑질 절	潮 조수 조	重 무거울 중
忍 참을 인	*裝 쌀 장	節 마디 절	*照 비칠 조	卽(即) 곧 즉
認 알 인	長 길 장	絶 뛰어날 절	*燥 마를 조	增 더할 증
*隣 이웃 린(인)	*障 막힐 장	絶 끊을 절	祖 할아비 조	*憎 미워할 증
一 한 일	*奬 권면할 장	*占 점칠 점	*租 구실 조	曾 일찍이 증
日 날 일	*牆(墻) 담 장	店 가게 점	*組 인끈, 짤 조	*症 병·증세 증
*逸 잃을 일	再 두 재	*漸 점점 점	調 고를 조	*蒸 찔 증
*任 맡길 임	哉 어조사 재	*點 점 점	造 지을 조	證 증거 증
壬 북방 임	在 있을 재	接 닿을 접	鳥 새 조	*贈 줄 증
林 수풀 림(임)	*宰 재상 재	*蝶 나비 접	族 겨레 족	之 갈, 어조사 지
*賃 품삯 임	才 재주 재	丁 장정 정	足 발 족	只 다만 지
入 들 입	材 재목 재	井 우물 정	存 있을 존	地 따(땅) 지
立 설 립(입)	栽 심을 재	*亭 정자 정	尊 높일 존	志 뜻 지
	*災 재앙 재	停 머무를 정	卒 마칠 졸	持 가질 지
ㅈ	*裁 마를 재	定 정할 정	*拙 못날 졸	指 가리킬 지
*刺 찌를 자	財 재물 재	庭 뜰 정	宗 마루 종	支 지탱할 지
*刺 찌를 척	*載 실을 재	廷 조정 정	從 좇을 종	*智 지혜 지
*刺 나무랄 체	爭 다툴 쟁	*征 칠 정	種 씨 종	枝 가지 지
*姿 태도 자	低 낮을 저	情 정 정	終 마칠 종	止 그칠 지
子 아들 자	*底 밑 저	政 정사 정	*縱 세로 종	*池 못 지
字 글자 자	*抵 막을 저	*整 가지런할 정	鐘 쇠북 종	知 알 지
*恣 방자할 자	著 나타날 저	正 바를 정	*佐 도울 좌	紙 종이 지
慈 자비로울 자	貯 쌓을 저	淨 깨끗할 정	坐 앉을 좌	至 이를 지
*玆 이 자	寂 고요할 적	*程 법, 한도 정	左 왼 좌	*誌 기록할 지
*紫 자줏빛 자	*摘 딸 적	精 정미할 정	*座 자리 좌	*遲 더딜 지
者 놈 자	敵 대적할 적	*訂 고칠 정	罪 죄 죄	直 곧을 직

*織 짤 직
*職 맡을 직
*振 떨칠 진
*珍 보배 진
盡 다할 진
眞 참 진
辰 별 진(신)
進 나아갈 진
*鎭 진압할 진
*陣 진칠 진
*陳 늘어놓을 진
*震 진동할 진
*姪 조카 질
*疾 병 질
*秩 차례 질
質 바탕 질
質 폐백 지
執 잡을 집
集 모을 집
*徵 징험할 징
*懲 징계할 징

ㅊ

且 또 차
借 버릴 차
*差 어긋날 차
*差 층질 치
次 버금 차
此 이 차
*錯 섞일 착
*捉 잡을 착
着 붙을 착
*讚 기릴, 칭찬할 찬
*贊 찬성할 찬
察 살필 찰
*慘 참혹할 참
*慙 부끄러워할 참
*倉 곳집 창
*創 비롯할 창
唱 부를 창
昌 창성할 창
*暢 화창할 창
窓 창 창
*蒼 푸를 창
*債 빚 채
*彩 채색 채
採 캘 채
菜 나물 채
*策 꾀 책
責 꾸짖을 책

册(冊) 책 책
妻 아내 처
處 곳 처
尺 자 척
*戚 겨레 척
*拓 넓힐 척
*拓 박을 탁
*斥 쫓을 척
千 일천 천
天 하늘 천
川 내 천
泉 샘 천
淺 얕을 천
*薦 천거할 천
*賤 천할 천
*踐 밟을 천
*遷 옮길 천
*哲 밝을 철
*徹 통할 철
鐵 쇠 철
*尖 뾰족할 첨
*添 더할 첨
*妾 첩 첩
*廳 관청 청
晴 갤 청
淸 맑을 청
聽 들을 청
請 청할 청
靑 푸를 청
*替 바꿀 체
*滯 막힐 체
*逮 잡을 체
*遞 역말 체
體 몸 체
初 처음 초
*抄 베낄 초
招 부를 초
*礎 주춧돌 초
*秒 초 초(묘)
*肖 닮을 초
草 풀 초
*超 뛰어넘을 초
*促 재촉할 촉
*燭 촛불 촉
*觸 닿을 촉
寸 마디 촌
村 마을 촌
*總 다 총
*聰 귀 밝을 총
銃 총 총

*催 재촉할 최
最 가장 최
*抽 뺄, 뽑을 추
推 옮을 추
推 밀 퇴
秋 가을 추
追 쫓을 추
*醜 추할 추
丑 소 축
*畜 가축 축
祝 빌 축
*築 쌓을 축
*縮 오그라질 축
*蓄 쌓을 축
*逐 쫓을 축
春 봄 춘
出 날 출
充 찰 충
忠 충성 충
蟲 벌레 충
衝 찌를 충
取 취할 취
吹 불 취
就 나아갈 취
*臭 냄새 취
*趣 취미 취
*醉 취할 취
*側 곁 측
*測 측량할 측
*層 층 층
*値 값 치
*恥 부끄러울 치
治 다스릴 치
置 둘 치
致 이를 치
齒 이 치
則 법칙 칙
則 곧 즉
親 친할 친
七 일곱 칠
*漆 옻 칠
*侵 침노할 침
*寢 잠잘 침
*枕 베개 침
*沈 잠길 침
*沈 성 심
*浸 잠길 침
針 바늘 침
*稱 일컬을 칭

ㅋ

快 시원할 쾌

ㅌ

他 남 타
*墮 떨어질 타
*妥 온당할 타
打 칠 타
*卓 높을 탁
*托 받칠 탁
*濁 흐릴 탁
*濯 빨래할 탁
*彈 탄환 탄
*歎 탄식할 탄
*炭 숯 탄
*誕 태어날 탄
*奪 빼앗을 탈
脫 벗을 탈
探 찾을 탐
*貪 탐할 탐
*塔 탑 탑
*湯 끓일 탕
太 클, 콩 태
*怠 게으를 태
*態 태도 태
*殆 위태로울 태
泰 클, 편안할 태
宅 집 택
宅 댁 대
*擇 가릴 택
*澤 못 택
*吐 토할 토
土 흙 토
*討 칠 토
*痛 아플 통
統 거느릴 통
通 통할 통
退 물러갈 퇴
投 던질 투
*透 통할 투
*鬪 싸울 투
特 특별할 특

ㅍ

*把 잡을 파
*播 씨뿌릴 파
*波 물결 파
*派 물갈래 파
*破 깨뜨릴 파
*罷 파할 파

*頗 자못, 치우칠 파
判 판단할 판
*板 널조각 판
*版 판목, 조각 판
*販 팔 판
八 여덟 팔
敗 패할 패
貝 조개 패
便 편할 편
便 똥오줌 변
*偏 치우칠 편
片 조각 편
篇 책 편
*編 엮을 편
*遍 두루 편
平 평평할 평
*評 평할 평
*幣 폐백 폐
*廢 폐할 폐
*弊 폐단 폐
*肺 허파 폐
*蔽 가릴 폐
閉 닫을 폐
*包 쌀 포
布 베, 펼 포
抱 안을 포
捕 잡을 포
浦 갯가 포
胞 태보 포
*飽 배부를 포
幅 폭 폭
暴 사나울 폭(포)
爆 폭발할 폭
*標 표 표
*漂 뜰 표
*票 표 표
表 겉 표
品 품수 품
風 바람 풍
豊(豐) 풍성할 풍
彼 저 피
*疲 피곤할 피
皮 가죽 피
*被 입을 피
*避 피할 피
匹 짝 필
必 반드시 필
*畢 마칠 필
筆 붓 필

ㅎ

下 아래 하
何 어찌 하
夏 여름 하
河 물 하
*荷 멜·연꽃 하
賀 하례할 하
學 배울 학
*鶴 두루미 학
寒 찰 한
恨 원한 한
*旱 가물 한
*汗 땀 한
漢 한수 한
閑 한가할 한
限 한할 한
韓 나라 한
*割 나눌 할
*含 머금을 함
*咸 다 함
*陷 빠질 함
合 합할 합
*巷 거리 항
恒 항상 항
*抗 대항할 항
*港 항구 항
*航 배 항
*項 목 항
亥 돼지 해
*奚 어찌 해
害 해할 해
海 바다 해
解 풀 해
*該 갖출 해
*核 씨 핵
幸 다행 행
行 갈 행
行 행위 행
行 줄 항
*享 누릴 향
向 향할 향
鄕 시골 향
*響 울릴 향
香 향기 향
虛 빌 허
許 허락할 허
*憲 법 헌
*獻 드릴 헌
*軒 초헌 헌
*險 험할 험
*驗 시험할 험

革 가죽 혁
*懸 매달 현
*玄 검을 현
現 나타날 현
*絃 줄 현
*縣 고을 현
賢 어질 현
*顯 나타날 현
*穴 구멍 혈
血 피 혈
*嫌 싫어할 혐
協 화할 협
*脅 위협할 협
*亨 형통할 형
兄 형 형
刑 형벌 형
形 얼굴 형
*螢 반딧불 형
*衡 저울대 형
*兮 어조사 혜
惠 은혜 혜
*慧 지혜 혜
乎 어조사 호
*互 서로 호
呼 부를 호
好 좋을 호
*毫 털 호
*浩 넓을 호
湖 호수 호
*胡 오랑캐 호
虎 범 호
號 부르짖을 호
*護 보호할 호
*豪 호걸 호
戶 지게 호
*惑 미혹할 혹
或 혹 혹
婚 혼인할 혼
*昏 어두울 혼
混 섞일 혼
*魂 넋 혼
*忽 문득 홀
*弘 클 홍
*洪 넓을 홍
紅 붉을 홍
*鴻 기러기 홍
化 될 화
和 화목할 화
火 불 화
*禍 재앙 화
*禾 벼 화

花 꽃 화
華 빛날 화
話 말씀 화
貨 재화 화
畫 그림 화
畫 그을 획
*擴 넓힐 확
*確 확실할 확
*穫 거둘 확
*丸 둥글 환
患 근심할 환
*換 바꿀 환
歡 기쁠 환
環 고리 환
*還 돌아올 환
活 살 활
*況 하물며 황
皇 임금 황
荒 거칠 황
黃 누를 황
回 돌 회
*悔 뉘우칠 회
*懷 품을 회
會 모을, 모임 회
*獲 얻을 획
*劃(畫) 그을 획
橫 가로 횡
孝 효도 효
*曉 새벽 효
效(効) 본받을 효
*侯 제후 후
*候 기후 후
厚 두터울 후
後 뒤 후
訓 가르칠 훈
毁 헐 훼
*揮 휘두를 휘
*輝 빛날 휘
休 쉴 휴
*携 가질 휴
凶 흉할 흉
胸 가슴 흉
黑 검을 흑
*吸 빨아들일 흡
興 흥할 흥
喜 기쁠 희
希 바랄 희
*稀 드물 희
*戱(戲) 희롱할 희

Index
찾아보기

Index

ㄱ

家道成矣(가도성의)	79
可謂孝矣(가위효의)	68
曷不爲孝(갈불위효)	18
剛直之人(강직지인)	148
開閉必恭(개폐필공)	32
居處必恭(거처필공)	180
居必擇隣(거필택린)	142
見得思義(견득사의)	175
見善從之(견선종지)	150
謙讓爲上(겸양위상)	191
敬受此書(경수차서)	198
敬信節用(경신절용)	71
敬我兄後(경아형후)	112
敬人之兄(경인지형)	112
骨肉雖分(골육수분)	83
過失相規(과실상규)	184
口勿雜談(구물잡담)	36
口容必止(구용필지)	167
君臣有義(군신유의)	160
君爲臣綱(군위신강)	163
跪而受之(궤이수지)	42
跪而進之(궤이진지)	41
歸獻父母(귀헌부모)	44
勤勉工夫(근면공부)	119
近墨者黑(근묵자흑)	141
近朱者赤(근주자적)	141
禽獸無異(금수무이)	69
禽獸夷狄(금수이적)	91
起家之本(기가지본)	189
己所不欲(기소불욕)	193
豈若兄弟(기약형제)	114
氣容必肅(기용필숙)	169
器有飮食(기유음식)	43
其恩其功(기은기공)	126
其罪如山(기죄여산)	61
其行無進(기행무진)	152

ㄴ

內外有別(내외유별)	77
能知能行(능지능행)	124
能孝能悌(능효능제)	123

ㄷ

多友之人(다우지인)	154
當事無誤(당사무오)	154
對案不食(대안불식)	27
德業相勸(덕업상권)	184
德厚似地(덕후사지)	17
讀書勤儉(독서근검)	189
同根異枝(동근이지)	85
同氣而生(동기이생)	80
同受親血(동수친혈)	103
冬溫夏淸(동온하정)	29
同源異流(동원이류)	86
頭容必直(두용필직)	168
登高望之(등고망지)	107

ㄹ

| 隣保相助(인(린)보상조) | 187 |

ㅁ

莫敢抗怒(막감항노)	96
莫談他短(막담타단)	192
莫非師恩(막비사은)	123
每必起立(매필기립)	24
每必整頓(매필정돈)	121
孟宗之孝(맹종지효)	62
面讚我善(면찬아선)	147
面責我過(면책아과)	148
母鞠吾身(모국오신)	14
貌必思恭(모필사공)	172
目容必端(목용필단)	167
無敢自專(무감자전)	60
門戶寂寞(문호적막)	134
勿踞勿臥(물거물와)	40
勿怒責人(물노책인)	39
勿登高樹(물등고수)	54
勿懶讀書(물라독서)	118
勿思我食(물사아식)	49
勿思我衣(물사아의)	48
勿施於人(물시어인)	193
勿失勿裂(물실물렬)	51
勿與人鬪(물여인투)	56
勿逆勿怠(물역물태)	21
勿泳深淵(물영심연)	55
勿踰勿踐(물유물천)	25
勿立門中(물립문중)	33
勿坐房中(물좌방중)	33
勿出器聲(물출기성)	45
勿毀勿傷(물훼물상)	50
靡恃己長(미시기장)	192
悶而思救(민이사구)	100

ㅂ

反省勿怨(반성물원)	53
反有我害(반유아해)	156
反有害矣(반유해의)	144
反必面之(반필면지)	30
百事皆僞(백사개위)	151
白沙在泥(백사재니)	140
百足之蟲(백족지충)	153

步履安詳(보리안상)	180	不敢怨怒(불감원노)	81	相敬如賓(상경여빈)	77
腹以懷我(복이회아)	15	不及如此(불급여차)	111	常德固持(상덕고지)	182
本生一氣(본생일기)	83	不能如此(불능여차)	69	常必灑掃(상필쇄소)	57
蓬生麻中(봉생마중)	139	不復東征(불부동정)	58	色容必莊(색용필장)	170
婦德柔順(부덕유순)	78	不扶自直(불부자직)	139	色必思溫(색필사온)	172
夫道和義(부도화의)	78	不善之家(불선지가)	195	書冊狼藉(서책낭자)	121
父母無食(부모무식)	49	不與勿食(불여물식)	43	先生施敎(선생시교)	117
父母無衣(부모무의)	48	不染自汚(불염자오)	140	雪裏求筍(설리구순)	62
父母不安(부모불안)	56	不擇而交(불택이교)	144	聲容必靜(성용필정)	168
父母使我(부모사아)	21	朋友有過(붕우유과)	145	素受一血(소수일혈)	84
父母愛之(부모애지)	52	朋友有信(붕우유신)	162	損人利己(손인이기)	196
父母悅之(부모열지)	119	非敎不知(비교부지)	122	須勿大唾(수물대타)	35
父母念之(부모념지)	55	非禮勿動(비례물동)	177	須勿放笑(수물방소)	38
父母憂之(부모우지)	54	非禮勿視(비례물시)	176	須勿聲責(수물성책)	97
父母有命(부모유명)	22	非禮勿言(비례물언)	177	手勿雜戱(수물잡희)	36
父母有疾(부모유질)	26	非禮勿聽(비례물청)	176	修身齊家(수신제가)	188
父母衣服(부모의복)	25	非我言耄(비아언모)	199	手容必恭(수용필공)	166
父母責之(부모책지)	53	非有先祖(비유선조)	67	雖有良朋(수유량붕)	111
父母出入(부모출입)	24	非爾自行(비이자행)	125	雖有他親(수유타친)	114
父母呼我(부모호아)	20	比之於木(비지어목)	85	夙興夜寐(숙흥야매)	118
父母喜之(부모희지)	115	比之於水(비지어수)	86	膝前勿坐(슬전물좌)	37
夫婦有別(부부유별)	161	非知何行(비지하행)	122	始習文字(시습문자)	120
夫婦之倫(부부지륜)	76	非直之友(비직지우)	149	是曰九思(시왈구사)	175
剖氷得鯉(부빙득리)는	63	賓客來訪(빈객내방)	133	是曰九容(시왈구용)	170
父生我身(부생아신)	14	賓客不來(빈객불래)	134	是謂不信(시위불신)	158
俯首敬聽(부수경청)	22	貧窮困厄(빈궁곤액)	186	是謂三綱(시위삼강)	164
夫爲婦綱(부위부강)	164			是謂五倫(시위오륜)	162
父爲子綱(부위자강)	163	**人**		侍坐父母(시좌부모)	39
父以事之(부이사지)	129	私其衣食(사기의식)	91	侍坐親前(시좌친전)	40
父子有親(부자유친)	160	思得良饌(사득량찬)	27	視必思明(시필사명)	171
夫唱婦隨(부창부수)	79	事師如親(사사여친)	116	食則同牀(식즉동상)	89
分毋求多(분무구다)	90	事親如此(사친여차)	68	愼勿遠遊(신물원유)	31
念必思難(분필사난)	174	事必思敬(사필사경)	173	身體髮膚(신체발부)	50
不可無友(불가무우)	135	事必稟行(사필품행)	60	晨必先起(신필선기)	28

室堂有塵(실당유진)	57	然諾重應(연락중응)	182	衣服雖惡(의복수악)	46
十年以長(십년이장)	130	年長以倍(연장이배)	129	疑必思問(의필사문)	174
		悅人讚者(열인찬자)	151	以其倫綱(이기륜강)	165
ㅇ		厭人責者(염인책자)	152	以文會友(이문회우)	136
我敬人親(아경인친)	131	譽及父母(예급부모)	64	怡聲以訓(이성이훈)	105
我敬人兄(아경인형)	132	禮俗相交(예속상교)	185	二姓之合(이성지합)	76
我及兄弟(아급형제)	103	溫良恭儉(온량공검)	190	以食飽我(이식포아)	16
我欺兄弟(아기형제)	102	王祥之孝(왕상지효)	63	以友輔仁(이우보인)	136
我身曷生(아신갈생)	67	辱及父母(욕급부모)	65	以衣溫我(이의온아)	16
我身能賢(아신능현)	64	欲報其德(욕보기덕)	19	易陷不義(이함불의)	146
我身不賢(아신불현)	65	容貌端正(용모단정)	179	人敬我親(인경아친)	131
我亦自邪(아역자사)	138	友其正人(우기정인)	137	人敬我兄(인경아형)	132
我亦自正(아역자정)	137	憂而謀瘳(우이모추)	26	人倫之中(인륜지중)	72
我有憂患(아유우환)	110	爲國盡忠(위국진충)	70	人無責友(인무책우)	146
我有歡樂(아유환락)	109	爲人子者(위인자자)	18	人所以貴(인소이귀)	165
我益我害(아익아해)	157	爲兄爲弟(위형위제)	87	人之德行(인지덕행)	191
我出晚來(아출만래)	106	有無相通(유무상통)	90	人之處世(인지처세)	135
我打我弟(아타아제)	101	唯師導之(유사도지)	125	一欺父母(일기부모)	61
愛民如子(애민여자)	71	有所補益(유소보익)	143	一粒之食(일립지식)	95
愛我弟後(애아제후)	113	唯而趨進(유이추진)	20	一杯之水(일배지수)	94
愛人之弟(애인지제)	113	乳以哺我(유이포아)	15	立命立聽(입명입청)	23
若告西遊(약고서유)	58	惟人所召(유인소소)	197	立容必德(입용필덕)	169
若得美味(약득미미)	44	幼者敬長(유자경장)	127		
言語恭遜(언어공손)	183	唯在我矣(유재아의)	157	**ㅈ**	
言而不信(언이불신)	149	猶打父母(유타부모)	101	字劃楷正(자획해정)	120
言則信實(언즉신실)	178	遊必有方(유필유방)	31	作事謀始(작사모시)	181
言必思忠(언필사충)	173	恩高如天(은고여천)	17	長幼有序(장유유서)	161
如欺父母(여기부모)	102	隱而勿揚(은이물양)	99	長者慈幼(장자자유)	127
與我飮食(여아음식)	42	飮食雖厭(음식수염)	47	長者之前(장자지전)	128
與之必食(여지필식)	47	飮食愼節(음식신절)	183	積善之家(적선지가)	194
與之必着(여지필착)	46	飮食親前(음식친전)	45	接待必誠(접대필성)	133
亦勿高聲(역물고성)	38	衣冠整齊(의관정제)	179	弟無飮食(제무음식)	93
亦勿大言(역물대언)	35	倚門倚(의문사지)	106	祭祀必誠(제사필성)	66
亦如天地(역여천지)	126	衣服帶靴(의복대화)	51	弟生我後(제생아후)	82

弟雖有過(제수유과)	97
弟亦效之(제역효지)	108
弟有過失(제유과실)	105
弟子是則(제자시칙)	117
弟出不還(제출불환)	107
弟必獻之(제필헌지)	92
足容必重(족용필중)	166
終是自害(종시자해)	196
從遊邪人(종유사인)	138
坐命坐聽(좌명좌청)	23
坐勿倚身(좌물의신)	34
知過必改(지과필개)	150
至死不僵(지사불강)	153
進退必恭(진퇴필공)	128

ㅊ

嗟嗟小子(차차소자)	198
諂諛之人(첨유지인)	147
聽必思聰(청필사총)	171
初不擇友(초불택우)	155
總是師功(총시사공)	124
追遠報本(추원보본)	66
出言顧行(출언고행)	181
出入門戶(출입문호)어든	32
出必告之(출필고지)	30
忠告善導(충고선도)	145
忠信慈祥(충신자상)	190
忠則盡命(충즉진명)	73
忠孝爲本(충효위본)	72
就必有德(취필유덕)	142
治國之本(치국지본)	188
親履勿履(친리물리)	59
親面勿仰(친면물앙)	37
親席勿座(친석물좌)	59

親戚相救(친척상구)	186
寢則連衾(침즉연금)	89

ㅌ/ㅍ

擇而交之(택이교지)	143
彼必大怒(피필대로)	156
必恭必敬(필공필경)	116
必盥必漱(필관필수)	28
必分而食(필분이식)	95
必分而飮(필분이음)	94
必譽千外(필예우외)	98
必有餘慶(필유여경)	194
必有餘殃(필유여앙)	195

ㅎ

何忍不和(하인불화)	87
學優則仕(학우즉사)	70
行勿慢步(행물만보)	34
行不如言(행불여언)	158
行則雁行(행즉안행)	88
行必正直(행필정직)	178
獻物父母(헌물부모)	41
兄能如此(형능여차)	108
兄無衣服(형무의복)	92
兄生我前(형생아전)	82
兄雖責我(형수책아)	96
兄友弟恭(형우제공)	81
兄有過失(형유과실)	104
兄以事之(형이사지)	130
兄弟亦樂(형제역락)	109
兄弟亦憂(형제역우)	110
兄弟有難(형제유난)	100
兄弟有善(형제유선)	98
兄弟有失(형제유실)	99

兄弟怡怡(형제이이)	88
兄弟姉妹(형제자매)	80
兄弟和睦(형세화목)	115
形體雖異(형체수이)	84
兄必與之(형필여지)	93
昊天罔極(호천망극)	19
婚姻死喪(혼인사상)	187
昏定晨省(혼정신성)	29
和氣以諫(화기이간)	104
禍福無門(화복무문)	197
患難相恤(환난상휼)	185
孝當竭力(효당갈력)	73
後苦絶之(후고절지)	155
喜而勿忘(희이물망)	52
惟聖之謨(유성지모)	199

MEMO

 MEMO

MEMO

부수명칭(部首名稱)

1획

一	한 일
丨	뚫을 곤
丶	점 주(점)
丿	삐칠 별(삐침)
乙(乚)	새 을
亅	갈고리 궐

2획

二	두 이
亠	머리 두(돼지해머리)
人(亻)	사람 인(인변)
儿	어진사람 인
入	들 입
八	여덟 팔
冂	멀 경(멀경몸)
冖	덮을 멱(민갓머리)
冫	얼음 빙(이수변)
几	안석 궤(책상궤)
凵	입벌릴 감 (위터진입구)
刀(刂)	칼 도
力	힘 력
勹	쌀 포
匕	비수 비
匚	상자 방(터진입구)
匸	감출 혜(터진에운담)
十	열 십
卜	점 복
卩(㔾)	병부 절
厂	굴바위 엄(민엄호)
厶	사사로울 사(마늘모)
又	또 우

3획

口	입 구
囗	에울 위(큰입구)
土	흙 토
士	선비 사
夂	뒤져올 치
夊	천천히걸을 쇠
夕	저녁 석
大	큰 대
女	계집 녀
子	아들 자
宀	집 면(갓머리)
寸	마디 촌
小	작을 소
尢(兀)	절름발이 왕
尸	주검 시
屮(艸)	싹날 철
山	메 산
巛(川)	개미허리(내 천)
工	장인 공
己	몸 기
巾	수건 건
干	방패 간
幺	작을 요
广	집 엄(엄호)
廴	길게걸을 인(민책받침)
廾	손맞잡을 공(밑스물입)
弋	주살 익
弓	활 궁
彐(彑)	돼지머리 계(터진가로왈)
彡	터럭 삼(삐친석삼)
彳	조금걸을 척(중인변)

4획

心(忄·㣺)	마음 심(심방변)
戈	창 과
戶	지게 호
手(扌)	손 수(재방변)
支	지탱할 지
攴(攵)	칠 복 (등글월문)
文	글월 문
斗	말 두
斤	도끼 근(날근)
方	모 방
无(旡)	없을 무(이미기방)
日	날 일
曰	가로 왈
月	달 월
木	나무 목
欠	하품 흠
止	그칠 지
歹(歺)	뼈앙상할 알(죽을사변)
殳	칠 수 (갖은등글월문)
毋	말 무
比	견줄 비
毛	터럭 모
氏	각시 씨
气	기운 기
水(氵)	물 수(삼수변)
火(灬)	불 화
爪(爫)	손톱 조
父	아비 부
爻	점괘 효
爿	조각널 장(장수장변)
片	조각 편
牙	어금니 아
牛(牜)	소 우
犬(犭)	개 견

5획

玄	검을 현
玉(王)	구슬 옥
瓜	오이 과
瓦	기와 와
甘	달 감
生	날 생
用	쓸 용
田	밭 전
疋	필 필
疒	병들 녁(병질엄)
癶	걸을 발(필발머리)
白	흰 백
皮	가죽 피
皿	그릇 명
目(罒)	눈 목
矛	창 모
矢	화살 시
石	돌 석

示(礻)	보일 시	谷	골 곡	\multicolumn{2}{c	}{10 획}
禸	짐승발자국 유	豆	콩 두	馬	말 마
禾	벼 화	豕	돼지 시	骨	뼈 골
穴	구멍 혈	豸	발없는벌레 치(갖은돼지시변)	高	높을 고
立	설 립	貝	조개 패	髟	머리털늘어질 표(터럭발)
\multicolumn{2}{c	}{6 획}	赤	붉을 적	鬥	싸울 투
竹	대 죽	走	달아날 주	鬯	술 창
米	쌀 미	足(𧾷)	발 족	鬲	솥 력
糸	실 사	身	몸 신	鬼	귀신 귀
缶	장군 부	車	수레 거	\multicolumn{2}{c	}{11 획}
网(罓·罒)	그물 망	辛	매울 신	魚	물고기 어
羊	양 양	辰	별 진	鳥	새 조
羽	깃 우	辵(辶)	쉬엄쉬엄갈 착(책받침)	鹵	소금밭 로
老(耂)	늙을 로	邑(阝)	고을 읍(우부방)	鹿	사슴 록
而	말이을 이	酉	닭 유	麥	보리 맥
耒	쟁기 뢰	釆	분별할 변	麻	삼 마
耳	귀 이	里	마을 리	\multicolumn{2}{c	}{12 획}
聿	붓 율	\multicolumn{2}{c	}{8 획}	黃	누를 황
肉(月)	고기 육(육달월변)	金	쇠 금	黍	기장 서
臣	신하 신	長(镸)	길 장	黑	검을 흑
自	스스로 자	門	문 문	黹	바느질할 치
至	이를 지	阜(阝)	언덕 부(좌부방)	\multicolumn{2}{c	}{13 획}
臼	절구 구(확구)	隶	미칠 이	黽	맹꽁이 맹
舌	혀 설	隹	새 추	鼎	솥 정
舛(牟)	어그러질 천	雨	비 우	鼓	북 고
舟	배 주	靑	푸를 청	鼠	쥐 서
艮	그칠 간	非	아닐 비	\multicolumn{2}{c	}{14 획}
色	빛 색	\multicolumn{2}{c	}{9 획}	鼻	코 비
艸(艹)	풀 초(초두)	面	낯 면	齊	가지런할 제
虍	범의문채 호(범호)	革	가죽 혁	\multicolumn{2}{c	}{15 획}
虫	벌레 충(훼)	韋	다룸가죽 위	齒	이 치
血	피 혈	韭	부추 구	\multicolumn{2}{c	}{16 획}
行	다닐 행	音	소리 음	龍	용 룡
衣(衤)	옷 의	頁	머리 혈	龜	거북 귀(구)
襾	덮을 아	風	바람 풍	\multicolumn{2}{c	}{17 획}
\multicolumn{2}{c	}{7 획}	飛	날 비	龠	피리 약변
見	볼 견	食(飠)	밥 식(변)	*부수의 변형글자	忄 심방(변) · 扌 재방(변) · 氵 삼수(변) · 犭 개사슴록(변) · 阝(邑) 우부(방) · 阝(阜) 좌부(변)
角	뿔 각	首	머리 수		
言	말씀 언	香	향기 향		